6		1						
			6		3	2		7
7	5	3					6	9
8			7				4	1
2	6		4			3		5
			8	3	5			
5			3	2		1	9	6
9	4		1	8	6		5	
					9			

4 Easy

5		7		9	8			2
1			7		6			
8		6	2		3	7	9	
	5			7	1		4	
7			8				2	1
3	1	8						
4	7	1		6			5	8
								9
9				2		6	3	7

Easy 5

8	9		7	4	1	2		
2			6			3	8	1
			8					
							1	
4			5	8		9	3	
							4	8
9	1							3
				1			7	
7	2	5		3	8	1	6	

6 Easy

				5		3		
3	8		6	1			7	
7	9				8	6		1
					4	2		5
5		1			6			3
	6	2	5	7			1	4
1	2		8	6				
			7	2		9		
6		9	3		5	1	8	

Easy **7**

	9		7	8	2	6		
		5	1					8
8				4			7	
6			2			5	3	4
3	5	1		7			8	
9		4			8		6	7
	3			6	1			
	6			9		7		
1			8		7			6

8 Easy

	5			9	3	4	8	6
						9	7	
	9	6		4			3	5
	4	1	5					
5			9	6	4	3		
8		9		1	2		6	
4	6		3	2	5			7
			4	8	9			2
	2	5						

Easy 9

	5	1		8		9		
				9			1	8
			7					
							2	
		4		7			5	
3	7		2					
8	4			1	7			9
1				6	4		8	
	3		5	2		7		

10 Easy

				5				
1			4			6	5	
	7							4
4	5		9					
9	6		7	3			8	
3						7		
	8	1	5		9			7
				1	2			
5					8	4		6

Easy **11**

	8		5	3	9			4
7				1		3		
					7	1	9	
	9	7	6		4	5	1	
2		4	7	5	1			3
5		8					6	
6			3	7	2		4	
			9			7		1
9		3						5

12 Easy

			6	7			3	
2	7	5				1		
		3			4	7		
	1	9			2			
			7	3				
	3			6			4	1
		4					5	2
	2	6		8	3	4		
						3	1	

Easy **13**

			7			8		3
3			8	1	6		2	
	2	8	5		3	6	9	
4	9		6			3		8
8	5		9					
6	1	3		8				5
	8	6			5			
		5	1		2			9
		1		7				

14 Easy

5			6		3			
			2	7	5		4	1
							7	
6					7	2		
	8	7		9			5	
					2	1		
7	6		5				3	
	5	9		3			6	
8		4	7	2			1	

1			2	7	3			
8	9				6			
3	7			8		1	6	
		5					7	
		9						6
			3	5	7	4		2
2		8						3
	4		1	3	5			
	1		6	2				

16 Easy

8	7	2		3	1			
	6				4	2		
	3	5			9	8		6
1			9	5			6	
6			3				4	
			4	6	2			3
	9			4			8	
	8	4	2					
5					3			4

Easy 17

	2	4	7		9		8	
	9	7			4			
		1			8			4
4	1		6		5	8		
5			8	1	3	2	4	
2						5	1	6
1				7		4		
	6	8	4	9		3		5
9							6	

18 Easy

2		9		4			1	
			1				6	
	1			6	3	7		
	4	1				5		
6		3			1	2		
5							9	1
4				1	2			9
9	2	5		7				
				8		4		

Easy 19

		7					4	6
	8	6	3	4			1	7
			7			8		
				7	4		9	1
	6	3	9					8
		4	8	2	3			5
	4		1				5	
2	7			9				3
5	3	9	2	8			7	

20 Easy

	2		3	4		8		
		9					7	2
6			2	1			5	
		2	8	5				
8	3		1			5	6	9
5					3		4	
7		8					3	
2	5			3		9		
				8	5			

Easy **21**

3				2		8		
	2			4			1	
		8			6	2		9
			3	7			9	
9	7			8			5	
1				6		7		3
			2	9		4		
2								8
		9	8	1	3	5		6

22 Easy

	3			1	6			
					3			1
	5	6		4	9		2	
3						5		
		4	3				8	2
			6	9	1	4	3	
		2		5		3		9
					7		4	
8	9				4		1	

		1		6				
2	6		1	8	5			
						4		
		9						
	1	7	3	4				
3	2	5	6				7	4
	5	3			8			6
	7	2	4	3	6	1	8	
1		6				2		

24 Easy

1						5	6	
	6				9	2		
8	5		1	4		9		3
2			6			7		
				8	5		1	
5		6				3		8
4			8	3		1	9	
6		3	9	1		4	5	
9							3	7

				8	6		9	
5	6		1		4	3		7
						1	8	
		1		6	8			
	3	6	4					2
		5	3	7				
	2		5					
							4	
9		7			3			1

26 Easy

	6				4			5
			9				2	
9				6				
8				4	2		6	
6	5							
2				5	6	3	7	
	1	4		9	7		3	
7	9			2	5			1
				1				

Easy 27

		9	4			6	3	
4	8		7				1	
5			9		8			
6	1		2	8			7	9
	4	3						1
					7		4	
			5	2				
		1				5	6	7

28 Easy

		6	5			3		
		7			1		5	8
9				3				
		8					1	
1			7		8	6	3	
	9		1	4	6			
4							2	6
	6	1					9	
8	7				3	1		

Easy **29**

5	2		7	1			4	6
			4	3			1	
	6	2		4				
	3		9			1		
	5	1			2	4	7	3
		7		2	8	3		9
			3					
			5	9	1	7	2	

30 Easy

		5	7					8
	6						9	
2						1		
6	7			4		3		
		2			8	7		4
4	8		3					
7				2			4	
		3	8			9	7	
		8	9	5		2		6

2			5			7		
	3			9		2		
	5		3		8			9
	7		2				4	
3		2			7			
	9			3	4	8	2	
		1		5	3	4		2
		4	6		9	3	8	
	8	3		1		6	7	5

32 Easy

	1	5	6	4		9	8	
			1		5	3		
						6		
	2	7	8	6		5	4	
				3			6	1
3			5	2	1	7		8
6	3	4	9				5	
8							3	
		1	3		2	4	7	6

Easy **33**

2		1	9					4
	7	4			6	3		
				3		2	1	7
7		2	6	8		1		
		5	1	4		9		
1	9		3	7	5			2
	8	3	7					1
								6
	2		8		1	4	9	

34 Easy

						6	7	2
		6	9	8			1	
7		3						5
		2		7		1		9
3					9			8
	5				6		2	4
	1			5			8	
			8		1			
9	8			2				

Easy 35

		1						
3	5		6				2	4
			8				5	1
5	6	4				9	1	
7	2		4		9		3	6
	1			8			4	2
	7	6			4			5
		5				4	6	
8						1		3

36 Easy

	3	4	6	2		7		
6		7	4	5		9		
8	9				1	6		
			1					
		1						2
4	7	8			3		1	
			3		2	8		
7	2				4		3	
1	8			7			5	

Easy 37

	6							3
9		5				7		8
		7		1	8			6
	4			2	7			
5		2				6	9	
3								2
4	8	3	2	9	1			
	2				5			9
		9	3	4			8	

38 Easy

	5				9			1
	3	9	6	2		5		
				1	4		3	
		1	9					
		2	8		3	4		
8				7		3		6
		4	1					
9	2				7	1		
			4		6	2		8

			7	9		6		
	8	6			2	1		
5			3			2	8	7
8	5		4	1	9	7		
2		9		8		3		
	6					8	5	
6	4			7				
9	2	7						8
1			8	2				6

40 Easy

8							3	
1		9	6	8	7	4		5
	6						9	1
		5	9			7		8
4		1		7		2		
		3	4		6		5	
		6				5		
2				6	3	9	7	
9	7	4	2	5				

Easy **41**

	9	4		6		3	8	
							9	2
				5	4	1		7
1							5	4
	8							
6		5	7			8		9
2	3		1		7			
		1		2	9			
					6			

42 Easy

		7	3		4			
5	4			7	6			9
2		1						
7		4			9	2		1
					1		3	
1	3	6		8				5
	7	2	4	9			6	
		8	1			3		4
	1		8	6	3		9	

9	3	6		7			2	
			4		2			3
			9					6
						9		2
			1		4	3	7	
8	7							
2							1	7
7	5	9	8			2		
1		3			7	6	8	

44 Easy

		2	8					
5	3	8			2			6
7	1	9		4		2	8	
		1	4	3		6	5	
8						9	7	
		5		1		4		
3			7		9	5	1	
1		7			4	3		2
		4		2	1	8		

	9	3	5		7			
		6		3			5	
7	4	5		9	1			
						5		
6		1	3	2			9	
9	5	7	4				8	
		2	6			4	3	5
4	6					2		
	3		7	4			6	8

46 Easy

		9	4		5			
				1			3	7
1				7	2			
	7			2	4	5		9
3		5	1		9			
	6							
			5				4	6
	4		6	9			7	8
								1

			5	6	3	2		
	8						7	
	6		2	7		4	5	
8	4		9				3	2
9			6	3				
7						1	9	
				8			1	4
		7		5				
2			1			3		

48 Easy

2				1	4	9		3
					2			
8	3		5	7		2	1	4
		2	9	6	8			7
	7	5				6		8
						3		
4		3			7			1
5	2	9						
		1	3					9

Easy 49

4		2		5	7		9	
3			6	8		4		2
		6			3			
5	1			7	6		2	4
		8		2	4	5		1
7			8			6	3	
9		5	4					3
8		1		3	2	9		
			7				4	

50 Easy

5			2					
2		3			1	9		
7		9		3		1		6
	4	1		5			7	9
				4	8		5	1
	9		1	2				
1		6	7	8		5		
9	7				3	4	6	8
							1	7

Moderate 51

9	4			1	3			8
				8	2			
	1					3		
				7			5	
	8							
1	7					9		3
8		5	9					
		3		2		1		
			7				2	

52 Moderate

5	1				3		9	
				2	6			
	3		5					
						9		6
		8	2				5	
2		1	3		9	8		
1						6		3
	2	9						
6	4	3			7			

Moderate 53

			9					
6					7	9	4	1
					1		5	2
	5	8	7					
	4					3		
			3				7	
					2	6		9
1	9							5
	8		4		6			

54 Moderate

			4		7		2	
	1	9		8			4	
	8		2	1				
				9			6	1
			3		4			
	7	8	5			9		
3				4		2		
4		5		3	9		7	

	1				4		6	
9	2					4		
		5		8				
		8		7				2
					9			
						3		5
3		9			8	2		
		4				5		
		7	5	6				

56 Moderate

	5						7	
1								
					3	4	6	9
6			1				9	8
	1			9	8	5	3	
		5				6		
	9		4		1	2		5
			2					
			8	6			1	

Moderate 57

	1	8	6			9		
7			2			1	8	
					9			4
6			8					
9						4	3	
			7					8
5	6	4		1				3
	7							9
					8		6	

58 Moderate

					8			4
			9					
	7	6		4		1		
6		5		7				8
		3	5					7
	8	2			1	9		6
								9
3		8	6		7	5		
		4				8		

1		3		9				
	5		8				1	4
					5			
	3		6		2	7		8
6	9				8			
		7		4		2		
		8	7					2
	4				1		6	
						9		7

60 Moderate

8				6		3		
	3			4	5	8		1
			1			4		2
	4	6			3			
					9			
		1	7	5				6
1	7						3	
	5	2						9
						2		

5				2		7	1	4
		6		3				
		9					5	
6		7	4	5		8		
			7		3	9		
			5					8
7		5		6			4	
3				4	7			

62 Moderate

	7	9	6	3	8			
2		8						
						1		
				1			2	6
4					9	3		
3								
	5			7		2	4	3
			5	4		9		
			9				7	5

				1				
1	2	9				4		
8		3			7			
4				9	5			
9		7			4	6		2
	6							
6				4			3	1
	5	1				9		8
			9					

64 Moderate

	6			7				5
		7						
8	9		5					
				9	4		8	
						9		7
4			6			5		3
		3	7					1
			8	1				
		5		3		4	2	

Moderate 65

						6		
8	6					2	9	
					4		7	5
				7				1
				9			8	3
	5	7		1				
		9		6				
		6		2		4	5	
3		5				1		9

66 Moderate

	4	5	8				2	7
						8		
					7			
		9				2		6
		1	6			9		
3							5	
					3			
	2				6	3	4	
	7		5	4	2	6		

Moderate 67

7	9	6			2			
	8		4			2		
6	4		2				9	7
1	2			5				4
			9					5
							1	
5			7	3				
		4				5	6	

68 Moderate

		8		3		2		1
9	5			8				
						4		
	2		6				4	8
		7			1			
								3
						1		9
						5		
3		1	9		4			

8	4							1
	7						6	
			8		4	3	9	
		9		1				
	1		5				4	
2			6					3
		7	4		2			6
1	8	2				7		
			7			5		

70 Moderate

4		1		7				8
2	3					6		
				4	9	3		
5			7		4			
		4	1					3
7						2		
	9				1			
8			5		3			2
			9					

2					4			
		7	2	6				
5					9	8	1	
		8	6		2		5	
7				8				
	6			7				8
9	7		8		5			
		5		1	6		9	3

72 Moderate

			9			4		
	3		6					7
					3	9		2
		4			2			
	7		8					
	5	3	7			6		
		6		4		3		
	4					8		
7					1		5	

		2						
							2	3
	6		4	3		7		8
	5	6		8				
8			3	9		4		2
					1			
6					8	2	5	
	2	5				1		4
7						9		

74 Moderate

3	9			2				
1								7
	6		5			1		
4			2			6		3
2	7							
					3			
7			6	4	5			2
	8		7		2			6
		1				4		

5					9	1		6
6	9	3				5		
		4						
							3	4
			5				2	7
8		9						
2			8					
	7			1				
					3		5	2

76 Moderate

	8						4	
7		3		1				
			4			3	8	7
						2	6	3
					9			
8			3					
		6	9		1		2	8
	9			5				
5			2	6		1	3	

Moderate 77

	9	7						
5	3				7		8	9
			1			2		3
3				9			2	4
		2		1	8			5
4								
		9	7			8		
	2							
7	6		3					

78 Moderate

								5
		2		9			4	
	8						2	
5				1				3
	1		5	2		8	7	
						5		9
		6	2					
	2	5	3		7			1
	7		1	6	4			

Moderate **79**

5	3		9					7
	4		5		3			2
				2			9	
3					4	2		
			7	8		9		
7							3	
	6	8				4		
			1	5				

80 Moderate

2					9		5	6
							4	
	9			6	5	7		
6								
4							3	
5				8	7	6	1	
			1		8			9
				3	2	1		
		8		4				2

2	3						4	
				7			9	
		4		5		6		
1			9				6	7
	4	7					8	
	8			3	4	1		2
3		5	1					
		6						

82 Moderate

4								
					7		1	9
	8		1					6
			7					8
					1	3		
		2		9	3		6	
			4			2		
	3					1		
	4		8				3	

	6		5	3				4
2				1			5	
	8	4			6			3
8						7		9
6								
	5							
					8		3	7
	4			2	7			
				5	1	2		

84 Moderate

		3			5	9		4
					6	2	8	
4		1			9			
	5	7	8					
	1			3				
						6		1
3		5	4					9
7				9		5		
			5					6

9						1		
7				5				
	8	5			3			
5	6		8				2	7
					2			1
			7	4	1	8		
			6				8	4
1						7		3
8					7			

86 Moderate

5	2			6		8		
		7			2	1	5	
		1						3
								5
		5					4	
8	7					2	6	
		3	2	8		9		
4			9					8
			6	4			1	

		4		7	8	6		
	5	9	1			7		
				1				
		8		9			6	5
3	2					4	8	
			4		5	3		6
							7	
	3			2	7			8

88 Moderate

						2		6
4				6				
	8	2	7	1				
		3		4		9	7	
			2					
8		5				4		
2			6		1			
		4	8	7	3			
							9	

8		6		1				2
1			3				4	
			2	5				
	4			9		6	7	
		3	6					
					2	1		
		7			5			4
6		5	4				8	
3								6

90 Moderate

		1				5		3
	4							9
6				2				
8		9				3	1	
	2			6	5			8
	5			4	2			
4		2		8				
			7		6	2	4	

Moderate 91

5			2				4	8
	1				4		2	6
1	6			2		9		
9			1			3		
		2			3		8	
					6		5	
3		7			5			4
								3

92 Moderate

1								
			5					
	2	5	7	3				6
	9						1	
8					2			
4			9		5			8
5	8		6			7		
		7		5				
6			1		9	3		

3		2	9	4		6		
6		4					5	7
	5		6			3		
	4		3	1		5		
		9		2			4	
	3							
			2			8		9
	2							
			1				6	5

94 Moderate

4		9				8		
3		8		2	1			
	1	5		7		6		
					5	2	7	
				9	7		6	
	9	2		8				
							9	4
		3	5					
		7					8	1

2						9		
	3		8		5	2		
							4	
	4					1	8	
	5		6				3	
1								7
		9	4					
	1			8				4
5				2	9	8	7	

96 Moderate

		6		2			8	
7	3		8					
		1						7
5				1	4			
	2				3	9	6	
8	9					5		
		3		8	7	6	4	

2	4		7	6		8		
							4	6
						5		
	1							4
	7						9	
			4	8	3		5	
	3		5		8			
		4			9			
6	2		3		1		7	

98 Moderate

						1		
	5		7		2	9	6	
	6		8			2	3	
							4	2
6				1			9	3
		3						
4			1		8			
5		6			7			
	3	7		5	4			

			3			8		
	5	7			6			
	6	1	5		4			7
	3	5	8					
2	7							
	8		6			7		
		4				5	3	1
			7	5				4
	1							2

100 Moderate

8			4		5			
1		4	2	3			9	
					8			
	8	6	5	4		7	1	
9			1			5	2	
					3		8	9
4								
	2	3				1		

Demanding 101

2	9			7		1		
4	8		2				5	
							8	
					9	5		
		1		6				
	2		5	1		3		
				3			4	7
8			9					

102 Demanding

				8			4	7
		1	9					
	7				6			
					5	9		1
1	5	6			3		7	
	1	2				8		9
								5
		8			4			

Demanding 103

		3		9			6	
			2					
				7				8
8	1						7	
		7			6			
		5				2		
	9			5				3
1			4		3	6		
	8	4						

104 Demanding

				6				5
			3		8			7
	6						1	
8				7				3
1		9				4		
					2			
			2				3	8
	1				3			
	2				4	6	9	

Demanding 105

		1					2	3
	5			8				
		8			4		7	
				5				
				4	3	2		
	6				2		1	
		3			1			
	7	9					3	
8							9	1

106 Demanding

	6		8	2		5	1	
		4		7				2
8	5							
	4							
7		6			8			
								3
				1	2	8		
9			5					
			4	3				7

Demanding 107

		7	6	5		4		
				9		8	6	
		5						2
				6				
	8	2			1		3	
							1	
		8			2			7
9	1				3			

108 Demanding

	7	9		8			2	
			7		1			
			5					
6		2	4			9		
9			1				7	
							3	
	8							
1			3					
		4			9	8		5

9		4	7				8	
			1		2			9
		1			5			
		7		6				1
	8					2		
				4		3		
	7		3		6	1		
	2						9	

110 Demanding

	2				6			5
		6			1			9
						8		
1								
9			4		2			
		2		1	7	4		
	6				8		4	
	5	7						
			3	5		2		

				4	6			
	5				3			8
1						7		2
		8	1					
				9		8		4
		7						
			5					9
	3				7		1	
	9	5		8		6		

112 Demanding

								8
7					6		1	
		2			1	5		3
			4		8		3	2
5				9				
	1							
4	5							
	8				9			
				2		4	6	

Demanding 113

		5	6					7
				4				
							2	5
6				2		8		
				3		1		9
1								
	7	2			1			
9							8	
			5		7			3

114 Demanding

		8					2	4
	9				7			
7	4				5		3	1
			9					
5				4	1		6	
				5				9
1				3		2		
							4	3

Demanding 115

		4	7			8		
	9	6						
1			6	5	9			
				8				7
						2		
5	1			7				
							1	
3					4			
4		2					3	5

116 Demanding

				6	3		5	
8		4						
		7		1				
2								1
					5	9		
	4		3					
	1							8
	6						4	5
			7	9	2			

Demanding **117**

								2
	3			4	1			8
						7	3	
								3
6	4			7				
	7		2				1	
						9		
	6	8	4		5			
	1	2			8			7

118 Demanding

		1		9				
						3		7
						4	6	
4				7	6		3	
	5			4	2		7	
		9		5				
7	8							9
2				3	4			

	8	2						3
1				4				5
	3				6	7	1	
2	5							
				9	2			
9	4			2				
		7			3		8	
			4	1				

120 Demanding

		1				6	2	
2								
		7		5	9			
			1			4	6	
7	1			4				
9								
			8	3	2	7		
	4		6			8		
1								

Demanding 121

		6			8			
2			3					7
						4		
			4		9			
				5			3	
8		9			6			
1	4		2			5		
	2							9
		8				1	4	

122 Demanding

8		1						
					1			7
9	7		4	8			3	
			8		3			
	8			9		1	6	
						5		4
				6		9		
		4					1	
			7	5	8			6

Demanding 123

	5						4	
		8		2	3			
				4		7		
4								5
1				3	7			
						8		
2			6		4	5	7	
			7					9
8		7						6

124 Demanding

					9			
		4				5		3
	5		1					
						2		
8			2	1				
6		9			3	8		
			7					2
			4	2		1	6	
	6	7					4	

Demanding 125

								8
	4		6					5
9			4	1			2	
6			1				4	
					3			7
	5							
		9					1	
			5	8	2	6		
		2					5	3

126 Demanding

		8	9		3			4
3	9				2			
2				1			7	
						3		
	8			4				6
7	4						5	
				9				
				6	5			9
		7				2		

Demanding 127

				4				7
	2		1			6		
	3				8		5	1
3		1			9			
		5			6	4		
						3		
		6						
4							7	
5		9			1		6	

128 Demanding

	2					8	7	
			4			6		
				9				
	1							
	5		6	4				8
7	6	2			5			
			1				9	5
4				3	7			
3								

Demanding 129

1				9			2	8
		9	2					1
	6		7					3
9	8		1				5	
4			8		7			
		7		3	4	9		
						6		
			5					

130 Demanding

			1	3				
	3			2				7
	8		3					6
	9				4	5		
								4
2			4	8		9		
		7			3	8	6	
				5			2	1

	9				1			
8	5				9			
2						1		7
3						4		6
				8	2			
	6			9		2	1	
		4		1				8
		2	9					
						6		

132 Demanding

9					7			
	8			1		5		
		2					6	
				4		3	7	9
		6	8			1		
1	7				8		9	
	3	4	6					
							2	3

Demanding 133

1					5		2	4
9			2					
						3	5	
	1				3			9
		9	6					
				8			4	
					4		6	1
				1			3	
7				5		2		

134 Demanding

		4	8		2			
	6			1			5	
9								
2					8	7		5
			1		7	6		
	9							
							6	4
3						1		
	2			6		9		7

							7	
					8			
	5	3			4		9	
		5					8	
3		9		7				
		8	9		5			4
		1				6		5
2				4				
				2				1

136 Demanding

							5	
	9		7					
7				8		6		2
		7	8					
							6	
	1	3				4		
5				1	2	3		
6	3	2						5
				4		7		

Demanding **137**

6								
	8	3		2				4
					3	9		
	2							5
3			1		2			
9				6		7		
	4			3			8	7
	1					3		
						5		6

138 Demanding

8			1					4
			9		7		2	1
9								
4	7							2
	3				1			
					6	8		
				3			6	
	2	3						
				9		3		5

Demanding **139**

		8			6		9	
				2		7		5
5			8		1			
6					2			8
				9				7
		3	5					
				3		6		
					4			
1		9				3	4	

140 Demanding

		5			8	1		
		1			4		9	
	3		6			2		
			2	4				
	2		9					
9	4		5		3			
1		6	8					
								3
							5	7

Demanding 141

						8		
		1						9
			7	6	5		4	
		8	1	2		6		
7								
					4		9	
					6			4
2					3	7	6	
	3			5	2			

142 Demanding

	7	9	2					
8						9		3
2				6				1
4				8				
9			5					4
	3	5					6	
			7					
		2				7		
7				4				6

Demanding 143

		1	6	8	9			
			3					9
7						4		
	6					7	8	2
8	9							
					5	1		
					2			
4							3	
6	2		1					

144 Demanding

			3					
6		7				1		8
	9			1	2			6
5						6		4
		8	7					
	4				1			9
2								
				5			8	
4	3							

	2							
				9				1
	7	8			1	3	9	
		1						
6		7			2	8		
	4			1			2	6
		6						
					8	7	3	
5				2				

146 Demanding

		3	1			9		2
			5					
2	1	9		3				
	6							
				2	4	5	6	
6			7					9
5	2				8	1		
	3					4		

Demanding 147

		3		7				2
				6			1	
	8		5					
				8		7		
	4			5	9		6	8
1								
				9	3		5	
							9	3
	5		4		7			

148 Demanding

		7	9				8	
	1	6	5		2			
			3	1				
	9					1		
1			6	8				5
		2						
							9	3
6				2		7		
				4	9			

Demanding 149

1					5			
	3	6	8					
				9		2		
					7		8	
4			9		2			
3				4				7
		8	1			7	3	
	9					4		
		5					6	

150 Demanding

			5			3		
	7	2						
				6	4	7		
				3			1	
	6	4			2		9	
3	5				7			
8				2	6			
					1	6	2	
								4

7		2				8		
1			6		3		9	
		5		2				
2				7			5	
						6	1	
		3		6				
	6							9
9			8					
					4		2	

152 Beware! Very Challenging

	4		6			5		9
					9		8	
					7	3		4
	5		2			6		3
	9			6				1
7			1					
	2					9		
		5			8	7		

9								
		1			3	6	2	
8	2						5	
7			8				9	
					2			
					4			8
	6		7					
		2		5		3		9
	5							1

154 Beware! Very Challenging

	4	5			1			
			7					6
7			8				2	
		8	5				1	
	7			2			8	
4				7			9	
								3
1					9			7
			4		6			

		3		8	1			
								5
5		7					3	
	9			1		3		
			9				8	
8	4			3		9		
	5		8	6	4			
	1	9	2					
						2		6

156 Beware! Very Challenging

		7						
5								2
	3	9		5			4	
3			7			9		
					6	7		4
		6					3	
		2						
9				8	5			7
1				4		3	2	

	5	1				8		
			4		6			
	9			3	1			5
	1	3				5	2	
	7			9				
								8
9		5		4			1	
					3	2		
	4			1				

158 Beware! Very Challenging

9			5	7	6			
				9				2
3					8			
6						3	8	
2	5			6	7		4	
					4			
1		4						
	6							9
		3					5	

Beware! Very Challenging

			5	1				6
5			3		2			
	8				9		1	
				4				
1	3	4					2	
	1							
	2				4	8		
9		5				6		4

160 Beware! Very Challenging

		7			8			9
2						3		
	3					1		
		9		7				
					4			
				5	3	4	2	
					2			1
	5	8						6
3	6		4					

					1	2		
		1	8		2		4	
		6			3		7	
				8				7
5						6		
	3	2				5	9	
3	8		5		7			2
			9				3	
			1					

162 Beware! Very Challenging

		7		1		3		
	1	6						
		2	7				8	9
	9				5			
		8					6	
4			1					2
	8						5	
	5		6		7		3	1
					4			

					9			3
2			8		7	6		
	4		1					
	8		6					
				8				
		2					7	1
	5			3		1		2
1								7
	6	9					5	

164 Beware! Very Challenging

	5	1					6	
	3			2	4			
	4			3				7
				5	7	2		
8								6
							4	
	8				2			
			3	1		9		
	7		5			6	1	

Beware! Very Challenging

	1				3			
		9			6			7
4			1		7	5		
						4		
		3				9		
		2	8		5		6	
	3	8	5				9	
5			9					
	6			3	4			

Beware! Very Challenging

				6				2
3			4					
4	1	2		9				
9			1			8	3	
		8	3		6			
			5					7
	2							
	3				4		2	5
						3		1

4								
		3	4		8			
1				5			8	
	4				9			6
6				3		7		1
	9					6		2
			5		7			
	8			4	6		3	7

168 Beware! Very Challenging

							4	9
9		6		2				3
			6		7			
3		5				2		
		9	1					8
6				4	2			
8						9		6
					1			
2			8		3			

6		1				4		
				3			5	
		8	2		7			
			7					
	4		9		1			3
				5	2	9		
	8							
2			6			1		
	9					8	4	

170 Beware! Very Challenging

2		3		5				
4			2			5		
					9	8		7
				2			4	
					1		7	2
		1					8	
9					7			4
1						3		
				9	2		1	

4						1		
		9			1		3	
7				6				4
					8			3
2				4	6			
8	9			5		7		
	2							
	8			7			4	
				3			8	9

172 Beware! Very Challenging

				2				
	1						5	8
		4		7	3		6	
	3						9	4
1	2					5		
7				9	8	6		
	9						4	
				1				9
4			7					

Beware! Very Challenging 173

			1					9
9								
6	4	2		7				
	7				4	6		
2		1	3			5		
					9		7	
		4			3	9	1	2
			2		1			
		6						3

174 Beware! Very Challenging

				1			7	
	3		4			6		
8	5		7					
								2
	4				9			
6				5	2		1	
7				4				
		8				5		6
	6					7	8	

							9	4
						8	1	
	5				3			
			2			4		
		5						8
1		3	7					6
		1			6			
8				2	9		3	
7				5				

176 Beware! Very Challenging

	9			2		7		8
					9	5		3
	7			1		6		
	8	9						
3	5							7
6			4		1			
		8		3			2	
					5	8		

	8		5		1		2	
1		2					9	
	9							
9							3	
				4	8			5
	2			7				
					3		1	
3		6	7					4
			4					9

178 Beware! Very Challenging

		7			2			
		9	1	3				
6	8	5						
				9			8	
			7	6	5	3		
	1							
							2	
			9	1		8		7
4					6			5

	8					5		7
2		1	9					3
	5						8	
	6		1	9				
		3		6				5
7			8		3			
			6		1			8
9							1	
		4						

180 Beware! Very Challenging

			3				2	
	3		1		4		7	
	9		5			6		
6								9
5				1				
		4						
						8	5	7
		1						
2		7			9			3

4				3				2
			8		1	3		7
								5
5	7							9
	4							
2		9				6	8	
					5		3	
	8				2			
		1			9	2		6

182 Beware! Very Challenging

	1	5			2		7	
						9	6	
	9	6					8	
7	5		4					
4		9						3
						1		
			8		6			7
				9				
	3		5					6

		7			8	6		5
2	9							
			6			3		
	3				1	9		
				7		8		6
					4			7
9								
	4	8	5		7		1	

184 Beware! Very Challenging

	3		1					
1	2			3			6	
					1		4	7
		8					3	
	6	7						2
	7			6	8	5		
	8		7					4
		9	5					

	7	8	3		1			6
	9		6	8			4	
					4			
		1						8
	3			7				
				6				3
2	4		9			5		
		5					2	

186 Beware! Very Challenging

	6			2		7		9
	1						6	5
				9				
					2	4	7	
		3				6		8
			5		6			
						5		1
3								
		4	7		8			

3				6				
8	6		3			9		
					7			
							3	
		4			9	2		
			6	2	5	1	4	
	9					5		
	5				2			8
7			1					

188 Beware! Very Challenging

2	4	9			5			6
		3	4	8		9		
			6		9			
5			8		2			
			1	7		6		
8	6	4						5
								3
	9					8	7	

Beware! Very Challenging

				9				
	1	7	3					
		2				8		1
					5			
			6				4	2
				8	9	6	5	
	3	5						4
			9	1	7	2		
			4					

Beware! Very Challenging

				8	9			
			5					
7	1			3				6
6		7						
9					8	5		
		8	7					
5				7				
			4				1	
		6		9	5	8		2

			6			5		
7		3	1	9				
							4	
						2	5	6
8	3							
		1						
	6			8			7	
		8	5			6	3	9
1					9			

192 Beware! Very Challenging

	9	1						
	6	2						8
			1			4		
3			9		5			
		4		1				
			4			2	3	
5			8	9				
		7				3		
	8			6				7

Beware! Very Challenging 193

2					1	5	7	4
	9		8					
	7	5					9	
		3			9			
	1				2			5
				8				7
5			6			1		
		4					3	
			4		7			

Beware! Very Challenging

1			2				9	4
4				6				
7		1	8					
					3			8
5	3			4				
	6		9					
			4					3
		9	7	5			1	

	4		5		7			
				6		9	7	
						2		
		7		4	5	1		6
9								
		3			6			4
5			8	3				9
	1							2
			7					

196 Beware! Very Challenging

3	1				2		7	
8		9						3
				1				2
				7				
	3	6					8	9
5	9					6		
			4		8	2		
		4			7		3	

	3		2					9
				1			7	
	4			6				
	9			8	4	5	3	
			3	5				4
							6	
		2					9	
	1		7					6
6				4	5		1	

198 Beware! Very Challenging

9	5				1		2	
3								
2	8	4						9
					3			
4							1	
				2		5	8	
	2	6		9				7
				8				
					6	4		

		5		1			3	
8			6			1		
9		3					8	
4						5		9
					6			
							7	8
5					4	2		6
6		8	3		1		5	
					5			

200 Beware! Very Challenging

9	2	6	4	1	7	5	3	8
7	5	4	9	8	3	1	2	6
3	8	1	6	2	5	9	4	7
4	7	3	1	9	2	6	8	5
2	9	5	8	3	6	4	7	1
6	1	8	7	5	4	3	9	2
8	6	9	3	7	1	2	5	4
1	3	2	5	4	8	7	6	9
5	4	7	2	6	9	8	1	3

1

1	5	7	6	4	8	3	2	9
8	3	9	7	5	2	1	4	6
4	6	2	9	3	1	5	7	8
9	4	8	5	6	3	7	1	2
7	2	5	1	8	9	6	3	4
3	1	6	4	2	7	8	9	5
6	9	4	3	1	5	2	8	7
5	8	3	2	7	4	9	6	1
2	7	1	8	9	6	4	5	3

2

5	1	9	8	2	4	7	3	6
2	7	6	5	3	1	8	9	4
3	4	8	7	6	9	5	1	2
6	5	7	9	4	8	3	2	1
4	8	1	2	5	3	6	7	9
9	2	3	6	1	7	4	8	5
1	3	2	4	7	5	9	6	8
7	9	5	1	8	6	2	4	3
8	6	4	3	9	2	1	5	7

3

6	2	1	9	4	7	5	3	8
4	8	9	6	5	3	2	1	7
7	5	3	2	1	8	4	6	9
8	3	5	7	6	2	9	4	1
2	6	7	4	9	1	3	8	5
1	9	4	8	3	5	6	7	2
5	7	8	3	2	4	1	9	6
9	4	2	1	8	6	7	5	3
3	1	6	5	7	9	8	2	4

4

5	3	7	4	9	8	1	6	2
1	9	2	7	5	6	3	8	4
8	4	6	2	1	3	7	9	5
2	5	9	6	7	1	8	4	3
7	6	4	8	3	5	9	2	1
3	1	8	9	4	2	5	7	6
4	7	1	3	6	9	2	5	8
6	2	3	5	8	7	4	1	9
9	8	5	1	2	4	6	3	7

5

8	9	3	7	4	1	2	5	6
2	4	7	6	5	9	3	8	1
1	5	6	8	2	3	4	9	7
6	8	2	3	9	4	7	1	5
4	7	1	5	8	6	9	3	2
5	3	9	[illegible]	7	2	6	4	8
9	1	8	[illegible]	6	7	5	2	3
3	6	4	[illegible]	1	5	8	7	9
7	2	5	[illegible]	3	8	1	6	4

6

2	1	6	9	5	7	3	4	8
3	8	4	6	1	2	5	7	9
7	9	5	4	3	8	6	2	1
8	3	7	1	9	4	2	6	5
5	4	1	2	8	6	7	9	3
9	6	2	5	7	3	8	1	4
1	2	3	8	6	9	4	5	7
4	5	8	7	[illegible]	1	9	3	6
6	7	9	3	[illegible]	5	1	8	2

7

4	9	3	7	8	2	6	1	5
2	7	5	1	3	6	4	9	8
8	1	6	9	4	5	2	7	3
6	8	7	2	1	9	5	3	4
3	5	1	6	7	4	9	8	2
9	2	4	3	5	8	1	6	7
7	3	2	5	6	1	8	4	9
5	6	8	4	9	3	7	2	1
1	4	9	8	2	7	3	5	6

8

2	5	7	1	9	3	4	8	6
3	8	4	2	5	6	9	7	1
1	9	6	8	4	7	2	3	5
6	4	1	5	3	8	7	2	9
5	7	2	9	6	4	3	1	8
8	3	9	7	1	2	5	6	4
4	6	8	3	2	5	1	9	7
7	1	3	4	8	9	6	5	2
9	2	5	6	7	1	8	4	3

9

4	5	1	6	8	3	9	7	2
7	6	3	4	9	2	5	1	8
9	8	2	7	5	1	6	3	4
5	1	6	8	3	9	4	2	7
2	9	4	1	7	6	8	5	3
3	7	8	2	4	5	1	9	6
8	4	5	3	1	7	2	6	9
1	2	7	9	6	4	3	8	5
6	3	9	5	2	8	7	4	1

10

8	4	6	1	5	3	9	7	2
1	9	3	4	2	7	6	5	8
2	7	5	8	9	6	1	3	4
4	5	7	9	8	1	2	6	3
9	6	2	7	3	4	5	8	1
3	1	8	2	6	5	7	4	9
6	8	1	5	4	9	3	2	7
7	3	4	6	1	2	8	9	5
5	2	9	3	7	8	4	1	6

11

1	8	6	5	3	9	2	7	4
7	2	9	4	1	6	3	5	8
4	3	5	8	2	7	1	9	6
3	9	7	6	8	4	5	1	2
2	6	4	7	5	1	9	8	3
5	1	8	2	9	3	4	6	7
6	5	1	3	7	2	8	4	9
8	4	2	9	6	5	7	3	1
9	7	3	1	4	8	6	2	5

12

8	4	1	6	7	5	2	3	9
2	7	5	3	9	8	1	6	4
9	6	3	1	2	4	7	8	5
6	1	9	4	5	2	8	7	3
4	5	8	7	3	1	9	2	6
7	3	2	8	6	9	5	4	1
3	8	4	9	1	7	6	5	2
1	2	6	5	8	3	4	9	7
5	9	7	2	4	6	3	1	8

13

5	6	4	7	2	9	8	1	3
3	7	9	8	1	6	5	2	4
1	2	8	5	4	3	6	9	7
4	9	2	6	5	1	3	7	8
8	5	7	9	3	4	1	6	2
6	1	3	2	8	7	9	4	5
2	8	6	4	9	5	7	3	1
7	3	5	1	6	2	4	8	9
9	4	1	3	7	8	2	5	6

14

5	7	1	6	4	3	8	2	9
3	9	8	2	7	5	6	4	1
4	2	6	9	8	1	5	7	3
6	1	3	8	5	7	2	9	4
2	8	7	1	9	4	3	5	6
9	4	5	3	6	2	1	8	7
7	6	2	5	1	9	4	3	8
1	5	9	4	3	8	7	6	2
8	3	4	7	2	6	9	1	5

15

1	5	6	2	7	3	9	8	4
8	9	4	5	1	6	2	3	7
3	7	2	4	8	9	1	6	5
4	3	5	9	6	2	8	7	1
7	2	9	8	4	1	3	5	6
6	8	1	3	5	7	4	9	2
2	6	8	7	9	4	5	1	3
9	4	7	1	3	5	6	2	8
5	1	3	6	2	8	7	4	9

16

8	7	2	6	3	1	4	5	9
9	6	1	5	8	4	2	3	7
4	3	5	7	2	9	8	1	6
1	4	3	9	5	8	7	6	2
6	2	9	3	1	7	5	4	8
7	5	8	4	6	2	1	9	3
2	9	7	1	4	6	3	8	5
3	8	4	2	9	5	6	7	1
5	1	6	8	7	3	9	2	4

17

6	2	4	7	5	9	1	8	3
8	9	7	1	3	4	6	5	2
3	5	1	2	6	8	9	7	4
4	1	9	6	2	5	8	3	7
5	7	6	8	1	3	2	4	9
2	8	3	9	4	7	5	1	6
1	3	2	5	7	6	4	9	8
7	6	8	4	9	1	3	2	5
9	4	5	3	8	2	7	6	1

18

2	6	9	7	4	5	8	1	3
3	5	7	1	2	8	9	6	4
8	1	4	9	6	3	7	2	5
7	4	1	2	9	6	5	3	8
6	9	3	8	5	1	2	4	7
5	8	2	4	3	7	6	9	1
4	7	8	6	1	2	3	5	9
9	2	5	3	7	4	1	8	6
1	3	6	5	8	9	4	7	2

19

3	2	7	5	1	8	9	4	6
9	8	6	3	4	2	5	1	7
4	1	5	7	6	9	8	3	2
8	5	2	6	7	4	3	9	1
7	6	3	9	5	1	4	2	8
1	9	4	8	2	3	7	6	5
6	4	8	1	3	7	2	5	9
2	7	1	4	9	5	6	8	3
5	3	9	2	8	6	1	7	4

20

1	2	5	3	4	7	8	9	6
3	4	9	5	6	8	1	7	2
6	8	7	2	1	9	3	5	4
9	6	2	8	5	4	7	1	3
8	3	4	1	7	2	5	6	9
5	7	1	6	9	3	2	4	8
7	1	8	9	2	6	4	3	5
2	5	6	4	3	1	9	8	7
4	9	3	7	8	5	6	2	1

21

3	9	4	5	2	1	8	6	7
6	2	7	9	4	8	3	1	5
5	1	8	7	3	6	2	4	9
4	8	6	3	7	5	1	9	2
9	7	3	1	8	2	6	5	4
1	5	2	4	6	9	7	8	3
8	6	5	2	9	7	4	3	1
2	3	1	6	5	4	9	7	8
7	4	9	8	1	3	5	2	6

22

2	3	7	8	1	6	9	5	4
4	8	9	5	2	3	6	7	1
1	5	6	7	4	9	8	2	3
3	7	1	4	8	2	5	9	6
9	6	4	3	7	5	1	8	2
5	2	8	6	9	1	4	3	7
7	4	2	1	5	8	3	6	9
6	1	5	9	3	7	2	4	8
8	9	3	2	6	4	7	1	5

23

7	3	1	9	6	4	5	2	8
2	6	4	1	8	5	9	3	7
5	9	8	7	2	3	4	6	1
6	4	9	8	5	7	3	1	2
8	1	7	3	4	2	6	5	9
3	2	5	6	9	1	8	7	4
4	5	3	2	1	8	7	9	6
9	7	2	4	3	6	1	8	5
1	8	6	5	7	9	2	4	3

24

1	3	9	7	2	8	5	6	4
7	6	4	3	5	9	2	8	1
8	5	2	1	4	6	9	7	3
2	1	8	6	9	3	7	4	5
3	4	7	2	8	5	6	1	9
5	9	6	4	7	1	3	2	8
4	7	5	8	3	2	1	9	6
6	8	3	9	1	7	4	5	2
9	2	1	5	6	4	8	3	7

25

3	1	2	7	8	6	5	9	4
5	6	8	1	9	4	3	2	7
7	4	9	2	3	5	1	8	6
2	7	1	9	6	8	4	5	3
8	3	6	4	5	1	9	7	2
4	9	5	3	7	2	6	1	8
6	2	4	5	1	7	8	3	9
1	8	3	6	2	9	7	4	5
9	5	7	8	4	3	2	6	1

26

1	6	3	2	8	4	7	9	5
4	8	5	9	7	3	1	2	6
9	7	2	5	6	1	4	8	3
8	3	1	7	4	2	5	6	9
6	5	7	8	3	9	2	1	4
2	4	9	1	5	6	3	7	8
5	1	4	6	9	7	8	3	2
7	9	8	3	2	5	6	4	1
3	2	6	4	1	8	9	5	7

27

1	7	9	4	5	2	6	3	8
4	8	2	7	3	6	9	1	5
5	3	6	9	1	8	7	2	4
2	9	7	1	4	5	3	8	6
6	1	5	2	8	3	4	7	9
8	4	3	6	7	9	2	5	1
9	5	8	3	6	7	1	4	2
7	6	4	5	2	1	8	9	3
3	2	1	8	9	4	5	6	7

28

2	1	6	5	8	9	3	7	4
3	4	7	6	2	1	9	5	8
9	8	5	4	3	7	2	6	1
6	5	8	3	9	2	4	1	7
1	2	4	7	5	8	6	3	9
7	9	3	1	4	6	5	8	2
4	3	9	8	1	5	7	2	6
5	6	1	2	7	4	8	9	3
8	7	2	9	6	3	1	4	5

29

6	1	4	2	8	5	9	3	7
5	2	3	7	1	9	8	4	6
8	7	9	4	3	6	2	1	5
7	6	2	1	4	3	5	9	8
4	3	8	9	5	7	1	6	2
9	5	1	8	6	2	4	7	3
1	4	7	6	2	8	3	5	9
2	9	5	3	7	4	6	8	1
3	8	6	5	9	1	7	2	4

30

9	1	5	7	3	6	4	2	8
8	6	7	4	1	2	5	9	3
2	3	4	5	8	9	1	6	7
6	7	1	2	4	5	3	8	9
3	5	2	6	9	8	7	1	4
4	8	9	3	7	1	6	5	2
7	9	6	1	2	3	8	4	5
5	2	3	8	6	4	9	7	1
1	4	8	9	5	7	2	3	6

31

2	1	9	5	4	6	7	3	8
8	3	6	7	9	1	2	5	4
4	5	7	3	2	8	1	6	9
1	7	8	2	6	5	9	4	3
3	4	2	9	8	7	5	1	6
6	9	5	1	3	4	8	2	7
7	6	1	8	5	3	4	9	2
5	2	4	6	7	9	3	8	1
9	8	3	4	1	2	6	7	5

32

2	1	5	6	4	3	9	8	7
7	6	8	1	9	5	3	2	4
4	9	3	2	7	8	6	1	5
1	2	7	8	6	9	5	4	3
5	8	9	7	3	4	2	6	1
3	4	6	5	2	1	7	9	8
6	3	4	9	1	7	8	5	2
8	7	2	4	5	6	1	3	9
9	5	1	3	8	2	4	7	6

33

2	3	1	9	5	7	8	6	4
8	7	4	2	1	6	3	5	9
9	5	6	4	3	8	2	1	7
7	4	2	6	8	9	1	3	5
3	6	5	1	4	2	9	7	8
1	9	8	3	7	5	6	4	2
6	8	3	7	9	4	5	2	1
4	1	9	5	2	3	7	8	6
5	2	7	8	6	1	4	9	3

34

1	9	8	4	3	5	6	7	2
5	2	6	9	8	7	4	1	3
7	4	3	1	6	2	8	9	5
4	6	2	5	7	8	1	3	9
3	7	1	2	4	9	5	6	8
8	5	9	3	1	6	7	2	4
2	1	4	7	5	3	9	8	6
6	3	5	8	9	1	2	4	7
9	8	7	6	2	4	3	5	1

35

4	8	1	3	5	2	6	9	7
3	5	7	6	9	1	8	2	4
6	9	2	8	4	7	3	5	1
5	6	4	7	2	3	9	1	8
7	2	8	4	1	9	5	3	6
9	1	3	5	8	6	7	4	2
1	7	6	9	3	4	2	8	5
2	3	5	1	7	8	4	6	9
8	4	9	2	6	5	1	7	3

36

5	3	4	6	2	9	7	8	1
6	1	7	4	5	8	9	2	3
8	9	2	7	3	1	6	4	5
2	6	9	1	4	5	3	7	8
3	5	1	8	6	7	4	9	2
4	7	8	2	9	3	5	1	6
9	4	5	3	1	2	8	6	7
7	2	6	5	8	4	1	3	9
1	8	3	9	7	6	2	5	4

37

8	6	4	7	5	9	1	2	3
9	1	5	6	3	2	7	4	8
2	3	7	4	1	8	9	5	6
6	4	8	9	2	7	3	1	5
5	7	2	1	8	3	6	9	4
3	9	1	5	6	4	8	7	2
4	8	3	2	9	1	5	6	7
1	2	6	8	7	5	4	3	9
7	5	9	3	4	6	2	8	1

38

4	5	6	7	3	9	8	2	1
1	3	9	6	2	8	5	4	7
2	8	7	5	1	4	6	3	9
3	6	1	9	4	5	7	8	2
7	9	2	8	6	3	4	1	5
8	4	5	2	7	1	3	9	6
6	7	4	1	8	2	9	5	3
9	2	8	3	5	7	1	6	4
5	1	3	4	9	6	2	7	8

39

3	1	2	7	9	8	6	4	5
7	8	6	5	4	2	1	9	3
5	9	4	3	6	1	2	8	7
8	5	3	4	1	9	7	6	2
2	7	9	6	8	5	3	1	4
4	6	1	2	3	7	8	5	9
6	4	8	9	7	3	5	2	1
9	2	7	1	5	6	4	3	8
1	3	5	8	2	4	9	7	6

40

8	4	2	5	1	9	6	3	7
1	3	9	6	8	7	4	2	5
5	6	7	3	4	2	8	9	1
6	2	5	9	3	1	7	4	8
4	9	1	8	7	5	2	6	3
7	8	3	4	2	6	1	5	9
3	1	6	7	9	4	5	8	2
2	5	8	1	6	3	9	7	4
9	7	4	2	5	8	3	1	6

41

7	9	4	2	6	1	3	8	5
5	1	6	8	7	3	4	9	2
3	2	8	9	5	4	1	6	7
1	7	3	6	9	8	2	5	4
9	8	2	4	1	5	6	7	3
6	4	5	7	3	2	8	1	9
2	3	9	1	8	7	5	4	6
4	6	1	5	2	9	7	3	8
8	5	7	3	4	6	9	2	1

42

9	8	7	3	1	4	5	2	6
5	4	3	2	7	6	8	1	9
2	6	1	9	5	8	4	7	3
7	5	4	6	3	9	2	8	1
8	2	9	5	4	1	6	3	7
1	3	6	7	8	2	9	4	5
3	7	2	4	9	5	1	6	8
6	9	8	1	2	7	3	5	4
4	1	5	8	6	3	7	9	2

43

9	3	6	5	7	8	4	2	1
5	8	1	4	6	2	7	9	3
4	2	7	9	3	1	8	5	6
3	1	4	7	8	5	9	6	2
6	9	5	1	2	4	3	7	8
8	7	2	6	9	3	1	4	5
2	6	8	3	4	9	5	1	7
7	5	9	8	1	6	2	3	4
1	4	3	2	5	7	6	8	9

44

4	6	2	8	7	5	1	3	9
5	3	8	1	9	2	7	4	6
7	1	9	6	4	3	2	8	5
2	9	1	4	3	7	6	5	8
8	4	3	2	5	6	9	7	1
6	7	5	9	1	8	4	2	3
3	2	6	7	8	9	5	1	4
1	8	7	5	6	4	3	9	2
9	5	4	3	2	1	8	6	7

45

2	9	3	5	6	7	8	4	1
8	1	6	2	3	4	9	5	7
7	4	5	8	9	1	6	2	3
3	2	4	9	7	8	5	1	6
6	8	1	3	2	5	7	9	4
9	5	7	4	1	6	3	8	2
1	7	2	6	8	9	4	3	5
4	6	8	1	5	3	2	7	9
5	3	9	7	4	2	1	6	8

46

7	8	9	4	3	5	6	1	2
4	5	2	9	1	6	8	3	7
1	3	6	8	7	2	4	9	5
8	7	1	3	2	4	5	6	9
3	2	5	1	6	9	7	8	4
9	6	4	7	5	8	1	2	3
2	1	7	5	8	3	9	4	6
5	4	3	6	9	1	2	7	8
6	9	8	2	4	7	3	5	1

47

1	7	4	5	6	3	2	8	9
5	8	2	4	9	1	6	7	3
3	6	9	2	7	8	4	5	1
8	4	6	9	1	5	7	3	2
9	2	1	6	3	7	8	4	5
7	3	5	8	2	4	1	9	6
6	9	3	7	8	2	5	1	4
4	1	7	3	5	6	9	2	8
2	5	8	1	4	9	3	6	7

48

2	5	7	8	1	4	9	6	3
1	9	4	6	3	2	8	7	5
8	3	6	5	7	9	2	1	4
3	4	2	9	6	8	1	5	7
9	7	5	1	2	3	6	4	8
6	1	8	7	4	5	3	9	2
4	6	3	2	9	7	5	8	1
5	2	9	4	8	1	7	3	6
7	8	1	3	5	6	4	2	9

49

4	8	2	1	5	7	3	9	6
3	5	7	6	8	9	4	1	2
1	9	6	2	4	3	7	5	8
5	1	9	3	7	6	8	2	4
6	3	8	9	2	4	5	7	1
7	2	4	8	1	5	6	3	9
9	7	5	4	6	1	2	8	3
8	4	1	5	3	2	9	6	7
2	6	3	7	9	8	1	4	5

50

5	1	4	2	6	9	7	8	3
2	6	3	8	7	1	9	4	5
7	8	9	4	3	5	1	2	6
8	4	1	3	5	6	2	7	9
3	2	7	9	4	8	6	5	1
6	9	5	1	2	7	8	3	4
1	3	6	7	8	4	5	9	2
9	7	2	5	1	3	4	6	8
4	5	8	6	9	2	3	1	7

51

9	4	2	6	1	3	5	7	8
3	5	7	4	8	2	6	9	1
6	1	8	5	9	7	3	4	2
2	3	9	1	7	8	4	5	6
5	8	6	3	4	9	2	1	7
1	7	4	2	5	6	9	8	3
8	2	5	9	6	1	7	3	4
7	9	3	8	2	4	1	6	5
4	6	1	7	3	5	8	2	9

52

5	1	6	7	8	3	4	9	2
8	9	7	4	2	6	1	3	5
4	3	2	5	9	1	7	6	8
3	7	4	8	1	5	9	2	6
9	6	8	2	7	4	3	5	1
2	5	1	3	6	9	8	4	7
1	8	5	9	4	2	6	7	3
7	2	9	6	3	8	5	1	4
6	4	3	1	5	7	2	8	9

53

8	1	5	9	2	4	7	6	3
6	2	3	5	8	7	9	4	1
9	7	4	6	3	1	8	5	2
3	5	8	7	4	9	2	1	6
7	4	1	2	6	5	3	9	8
2	6	9	3	1	8	5	7	4
4	3	7	1	5	2	6	8	9
1	9	6	8	7	3	4	2	5
5	8	2	4	9	6	1	3	7

54

5	4	7	9	2	1	3	8	6
8	6	3	4	5	7	1	2	9
2	1	9	6	8	3	5	4	7
9	8	4	2	1	6	7	5	3
7	3	2	8	9	5	4	6	1
6	5	1	3	7	4	8	9	2
1	7	8	5	6	2	9	3	4
3	9	6	7	4	8	2	1	5
4	2	5	1	3	9	6	7	8

55

8	1	3	2	5	4	7	6	9
9	2	6	1	3	7	4	5	8
7	4	5	9	8	6	1	2	3
4	9	8	3	7	5	6	1	2
5	3	1	6	2	9	8	4	7
6	7	2	8	4	1	3	9	5
3	5	9	4	1	8	2	7	6
2	6	4	7	9	3	5	8	1
1	8	7	5	6	2	9	3	4

56

4	5	3	9	8	6	1	7	2
1	6	9	7	2	4	8	5	3
7	2	8	5	1	3	4	6	9
6	3	4	1	5	2	7	9	8
2	1	7	6	9	8	5	3	4
9	8	5	3	4	7	6	2	1
3	9	6	4	7	1	2	8	5
8	7	1	2	3	5	9	4	6
5	4	2	8	6	9	3	1	7

57

4	1	8	6	7	3	9	5	2
7	9	3	2	4	5	1	8	6
2	5	6	1	8	9	3	7	4
6	3	7	8	9	4	2	1	5
9	8	2	5	6	1	4	3	7
1	4	5	7	3	2	6	9	8
5	6	4	9	1	7	8	2	3
8	7	1	3	2	6	5	4	9
3	2	9	4	5	8	7	6	1

58

5	3	9	7	1	8	6	2	4
2	4	1	9	6	5	7	8	3
8	7	6	3	4	2	1	9	5
6	1	5	2	7	9	4	3	8
4	9	3	5	8	6	2	1	7
7	8	2	4	3	1	9	5	6
1	5	7	8	2	4	3	6	9
3	2	8	6	9	7	5	4	1
9	6	4	1	5	3	8	7	2

59

1	7	3	4	9	6	8	2	5
9	5	6	8	2	7	3	1	4
2	8	4	1	3	5	6	7	9
4	3	5	6	1	2	7	9	8
6	9	2	5	7	8	4	3	1
8	1	7	9	4	3	2	5	6
3	6	8	7	5	9	1	4	2
7	4	9	2	8	1	5	6	3
5	2	1	3	6	4	9	8	7

60

8	1	4	2	6	7	3	9	5
2	3	7	9	4	5	8	6	1
5	6	9	1	3	8	4	7	2
9	4	6	8	1	3	5	2	7
7	8	5	6	2	9	1	4	3
3	2	1	7	5	4	9	8	6
1	7	8	5	9	2	6	3	4
4	5	2	3	8	6	7	1	9
6	9	3	4	7	1	2	5	8

61

5	8	3	9	2	6	7	1	4
4	7	6	1	3	5	2	8	9
1	2	9	8	7	4	6	5	3
6	3	7	4	5	9	8	2	1
9	5	1	6	8	2	4	3	7
8	4	2	7	1	3	9	6	5
2	6	4	5	9	1	3	7	8
7	9	5	3	6	8	1	4	2
3	1	8	2	4	7	5	9	6

62

1	7	9	6	3	8	4	5	2
2	4	8	1	5	7	6	3	9
5	6	3	4	9	2	1	8	7
8	9	7	3	1	4	5	2	6
4	2	5	7	6	9	3	1	8
3	1	6	2	8	5	7	9	4
9	5	1	8	7	6	2	4	3
7	8	2	5	4	3	9	6	1
6	3	4	9	2	1	8	7	5

63

5	7	6	4	1	9	8	2	3
1	2	9	8	5	3	4	7	6
8	4	3	2	6	7	5	1	9
4	1	2	6	9	5	3	8	7
9	8	7	1	3	4	6	5	2
3	6	5	7	2	8	1	9	4
6	9	8	5	4	2	7	3	1
2	5	1	3	7	6	9	4	8
7	3	4	9	8	1	2	6	5

64

1	6	2	4	7	8	3	9	5
3	5	7	1	2	9	8	6	4
8	9	4	5	6	3	1	7	2
5	7	1	3	9	4	2	8	6
6	3	8	2	5	1	9	4	7
4	2	9	6	8	7	5	1	3
9	8	3	7	4	2	6	5	1
2	4	6	8	1	5	7	3	9
7	1	5	9	3	6	4	2	8

65

5	7	4	9	3	2	6	1	8
8	6	3	1	5	7	2	9	4
2	9	1	6	8	4	3	7	5
9	3	8	2	7	6	5	4	1
6	1	2	4	9	5	7	8	3
4	5	7	8	1	3	9	2	6
7	4	9	5	6	1	8	3	2
1	8	6	3	2	9	4	5	7
3	2	5	7	4	8	1	6	9

66

6	4	5	8	3	9	1	2	7
1	9	7	4	2	5	8	6	3
8	3	2	1	6	7	4	9	5
7	8	9	3	5	4	2	1	6
2	5	1	6	7	8	9	3	4
3	6	4	2	9	1	7	5	8
4	1	6	9	8	3	5	7	2
5	2	8	7	1	6	3	4	9
9	7	3	5	4	2	6	8	1

67

7	9	6	3	8	2	4	5	1
3	8	1	4	9	5	2	7	6
4	5	2	6	7	1	3	8	9
6	4	5	2	1	3	8	9	7
1	2	9	8	5	7	6	3	4
8	3	7	9	6	4	1	2	5
2	6	3	5	4	9	7	1	8
5	1	8	7	3	6	9	4	2
9	7	4	1	2	8	5	6	3

68

7	6	8	4	3	5	2	9	1
9	5	4	1	8	2	3	6	7
2	1	3	7	6	9	4	8	5
1	2	5	6	9	3	7	4	8
6	3	7	8	4	1	9	5	2
4	8	9	5	2	7	6	1	3
5	4	6	2	7	8	1	3	9
8	9	2	3	1	6	5	7	4
3	7	1	9	5	4	8	2	6

69

8	4	5	3	6	9	2	7	1
9	7	3	1	2	5	4	6	8
6	2	1	8	7	4	3	9	5
4	3	9	2	1	8	6	5	7
7	1	6	5	9	3	8	4	2
2	5	8	6	4	7	9	1	3
5	9	7	4	3	2	1	8	6
1	8	2	9	5	6	7	3	4
3	6	4	7	8	1	5	2	9

70

4	5	1	3	7	6	9	2	8
2	3	9	8	1	5	6	7	4
6	7	8	2	4	9	3	5	1
5	6	2	7	3	4	8	1	9
9	8	4	1	5	2	7	6	3
7	1	3	6	9	8	2	4	5
3	9	6	4	2	1	5	8	7
8	4	7	5	6	3	1	9	2
1	2	5	9	8	7	4	3	6

71

2	8	9	1	5	4	3	7	6
3	1	7	2	6	8	9	4	5
5	4	6	7	3	9	8	1	2
4	3	8	6	9	2	1	5	7
7	9	2	5	8	1	6	3	4
6	5	1	3	4	7	2	8	9
1	6	4	9	7	3	5	2	8
9	7	3	8	2	5	4	6	1
8	2	5	4	1	6	7	9	3

72

6	2	1	9	8	7	4	3	5
4	3	9	6	2	5	1	8	7
5	8	7	4	1	3	9	6	2
8	6	4	1	5	2	7	9	3
9	7	2	8	3	6	5	4	1
1	5	3	7	9	4	6	2	8
2	1	6	5	4	8	3	7	9
3	4	5	2	7	9	8	1	6
7	9	8	3	6	1	2	5	4

73

3	8	2	1	7	6	5	4	9
1	4	7	8	5	9	6	2	3
5	6	9	4	3	2	7	1	8
4	5	6	2	8	7	3	9	1
8	7	1	3	9	5	4	6	2
2	9	3	6	4	1	8	7	5
6	3	4	9	1	8	2	5	7
9	2	5	7	6	3	1	8	4
7	1	8	5	2	4	9	3	6

74

3	9	7	8	2	1	5	6	4
1	4	5	3	6	9	2	8	7
8	6	2	5	7	4	1	3	9
4	1	8	2	9	7	6	5	3
2	7	3	1	5	6	9	4	8
9	5	6	4	8	3	7	2	1
7	3	9	6	4	5	8	1	2
5	8	4	7	1	2	3	9	6
6	2	1	9	3	8	4	7	5

75

5	2	7	3	8	9	1	4	6
6	9	3	1	2	4	5	7	8
1	8	4	7	5	6	2	9	3
7	5	2	9	6	1	8	3	4
4	6	1	5	3	8	9	2	7
8	3	9	4	7	2	6	1	5
2	4	5	8	9	7	3	6	1
3	7	6	2	1	5	4	8	9
9	1	8	6	4	3	7	5	2

76

2	8	9	7	3	5	6	4	1
7	4	3	6	1	8	9	5	2
6	1	5	4	9	2	3	8	7
9	5	4	1	8	7	2	6	3
3	6	7	5	2	9	8	1	4
8	2	1	3	4	6	7	9	5
4	3	6	9	7	1	5	2	8
1	9	2	8	5	3	4	7	6
5	7	8	2	6	4	1	3	9

77

2	9	7	8	3	4	5	1	6
5	3	1	6	2	7	4	8	9
6	8	4	1	5	9	2	7	3
3	1	8	5	9	6	7	2	4
9	7	2	4	1	8	3	6	5
4	5	6	2	7	3	1	9	8
1	4	9	7	6	5	8	3	2
8	2	3	9	4	1	6	5	7
7	6	5	3	8	2	9	4	1

78

6	9	4	8	7	2	1	3	5
3	5	2	6	9	1	7	4	8
7	8	1	4	3	5	9	2	6
5	4	7	9	1	8	2	6	3
9	1	3	5	2	6	8	7	4
2	6	8	7	4	3	5	1	9
1	3	6	2	5	9	4	8	7
4	2	5	3	8	7	6	9	1
8	7	9	1	6	4	3	5	2

79

5	3	2	9	6	1	8	4	7
8	4	9	5	7	3	6	1	2
6	7	1	4	2	8	3	9	5
3	5	7	6	9	4	2	8	1
2	1	4	7	8	5	9	6	3
9	8	6	3	1	2	5	7	4
7	2	5	8	4	9	1	3	6
1	6	8	2	3	7	4	5	9
4	9	3	1	5	6	7	2	8

80

2	7	3	4	1	9	8	5	6
8	6	5	7	2	3	9	4	1
1	9	4	8	6	5	7	2	3
6	8	1	3	5	4	2	9	7
4	2	7	6	9	1	5	3	8
5	3	9	2	8	7	6	1	4
3	5	2	1	7	8	4	6	9
7	4	6	9	3	2	1	8	5
9	1	8	5	4	6	3	7	2

81

2	3	1	8	9	6	7	4	5
5	6	8	4	7	2	3	9	1
9	7	4	3	5	1	6	2	8
8	9	2	7	6	3	5	1	4
1	5	3	9	4	8	2	6	7
6	4	7	2	1	5	9	8	3
7	8	9	6	3	4	1	5	2
3	2	5	1	8	9	4	7	6
4	1	6	5	2	7	8	3	9

82

4	1	7	9	6	8	5	2	3
5	2	6	3	4	7	8	1	9
3	8	9	1	5	2	7	4	6
1	6	3	7	2	4	9	5	8
9	5	4	6	8	1	3	7	2
8	7	2	5	9	3	4	6	1
7	9	1	4	3	6	2	8	5
6	3	8	2	7	5	1	9	4
2	4	5	8	1	9	6	3	7

83

9	6	1	5	3	2	8	7	4
2	7	3	8	1	4	9	5	6
5	8	4	7	9	6	1	2	3
8	3	2	4	6	5	7	1	9
6	1	9	2	7	3	4	8	5
4	5	7	1	8	9	3	6	2
1	2	5	9	4	8	6	3	7
3	4	8	6	2	7	5	9	1
7	9	6	3	5	1	2	4	8

84

2	6	3	7	8	5	9	1	4
5	7	9	1	4	6	2	8	3
4	8	1	3	2	9	7	6	5
6	5	7	8	1	4	3	9	2
9	1	4	6	3	2	8	5	7
8	3	2	9	5	7	6	4	1
3	2	5	4	6	8	1	7	9
7	4	6	2	9	1	5	3	8
1	9	8	5	7	3	4	2	6

85

9	3	4	2	8	6	1	7	5
7	1	2	9	5	4	6	3	8
6	8	5	1	7	3	2	4	9
5	6	1	8	3	9	4	2	7
4	7	8	5	6	2	3	9	1
2	9	3	7	4	1	8	5	6
3	2	7	6	1	5	9	8	4
1	5	9	4	2	8	7	6	3
8	4	6	3	9	7	5	1	2

86

5	2	4	3	6	1	8	9	7
3	8	7	4	9	2	1	5	6
9	6	1	7	5	8	4	2	3
2	4	6	1	7	9	3	8	5
1	3	5	8	2	6	7	4	9
8	7	9	5	3	4	2	6	1
6	1	3	2	8	5	9	7	4
4	5	2	9	1	7	6	3	8
7	9	8	6	4	3	5	1	2

87

2	1	4	5	7	8	6	9	3
6	7	3	2	4	9	8	5	1
8	5	9	1	6	3	7	4	2
9	6	5	8	1	4	2	3	7
7	4	8	3	9	2	1	6	5
3	2	1	7	5	6	4	8	9
1	9	7	4	8	5	3	2	6
5	8	2	6	3	1	9	7	4
4	3	6	9	2	7	5	1	8

88

3	1	7	9	5	8	2	4	6
4	5	9	3	6	2	1	8	7
6	8	2	7	1	4	5	3	9
1	2	3	5	4	6	9	7	8
9	4	6	2	8	7	3	1	5
8	7	5	1	3	9	4	6	2
2	3	8	6	9	1	7	5	4
5	9	4	8	7	3	6	2	1
7	6	1	4	2	5	8	9	3

89

8	7	6	9	1	4	5	3	2
1	5	2	3	7	6	8	4	9
4	3	9	2	5	8	7	6	1
2	4	1	5	9	3	6	7	8
7	9	3	6	8	1	4	2	5
5	6	8	7	4	2	1	9	3
9	2	7	8	6	5	3	1	4
6	1	5	4	3	9	2	8	7
3	8	4	1	2	7	9	5	6

90

2	8	1	4	9	7	5	6	3
3	4	5	6	1	8	7	2	9
6	9	7	5	2	3	1	8	4
8	6	9	2	7	4	3	1	5
7	2	3	1	6	5	4	9	8
5	1	4	8	3	9	6	7	2
1	5	6	9	4	2	8	3	7
4	7	2	3	8	1	9	5	6
9	3	8	7	5	6	2	4	1

91

5	3	6	2	7	9	1	4	8
2	7	4	6	8	1	5	3	9
8	1	9	5	3	4	7	2	6
1	6	3	4	2	8	9	7	5
9	4	8	1	5	7	3	6	2
7	5	2	9	6	3	4	8	1
4	8	1	3	9	6	2	5	7
3	2	7	8	1	5	6	9	4
6	9	5	7	4	2	8	1	3

92

1	3	4	8	2	6	9	5	7
7	6	8	5	9	4	1	3	2
9	2	5	7	3	1	8	4	6
2	9	6	4	8	7	5	1	3
8	5	1	3	6	2	4	7	9
4	7	3	9	1	5	2	6	8
5	8	9	6	4	3	7	2	1
3	1	7	2	5	8	6	9	4
6	4	2	1	7	9	3	8	5

93

3	7	2	9	4	5	6	1	8
6	1	4	8	3	2	9	5	7
9	5	8	6	7	1	3	2	4
2	4	7	3	1	8	5	9	6
1	8	9	5	2	6	7	4	3
5	3	6	4	9	7	1	8	2
4	6	1	2	5	3	8	7	9
8	2	5	7	6	9	4	3	1
7	9	3	1	8	4	2	6	5

94

4	7	9	6	5	3	8	1	2
3	6	8	4	2	1	9	5	7
2	1	5	8	7	9	6	4	3
1	8	6	3	4	5	2	7	9
5	3	4	2	9	7	1	6	8
7	9	2	1	8	6	4	3	5
8	5	1	7	6	2	3	9	4
9	4	3	5	1	8	7	2	6
6	2	7	9	3	4	5	8	1

95

2	8	1	7	6	4	9	5	3
4	3	7	8	9	5	2	1	6
6	9	5	1	3	2	7	4	8
7	4	6	2	5	3	1	8	9
9	5	8	6	7	1	4	3	2
1	2	3	9	4	8	5	6	7
8	7	9	4	1	6	3	2	5
3	1	2	5	8	7	6	9	4
5	6	4	3	2	9	8	7	1

96

9	4	6	7	2	1	3	8	5
7	3	5	8	4	9	1	2	6
2	8	1	3	5	6	4	9	7
3	1	7	6	9	8	2	5	4
5	6	9	2	1	4	7	3	8
4	2	8	5	7	3	9	6	1
6	7	2	4	3	5	8	1	9
8	9	4	1	6	2	5	7	3
1	5	3	9	8	7	6	4	2

97

2	4	1	7	6	5	8	3	9
8	5	7	9	3	2	1	4	6
3	9	6	8	1	4	5	2	7
5	1	3	2	9	7	6	8	4
4	7	8	1	5	6	2	9	3
9	6	2	4	8	3	7	5	1
1	3	9	5	7	8	4	6	2
7	8	4	6	2	9	3	1	5
6	2	5	3	4	1	9	7	8

98

9	8	2	5	3	6	1	7	4
3	5	1	7	4	2	9	6	8
7	6	4	8	9	1	2	3	5
1	9	5	6	7	3	8	4	2
6	4	8	2	1	5	7	9	3
2	7	3	4	8	9	5	1	6
4	2	9	1	6	8	3	5	7
5	1	6	3	2	7	4	8	9
8	3	7	9	5	4	6	2	1

99

9	4	2	3	1	7	8	5	6
8	5	7	9	2	6	4	1	3
3	6	1	5	8	4	2	9	7
4	3	5	8	7	2	1	6	9
2	7	6	1	9	5	3	4	8
1	8	9	6	4	3	7	2	5
7	9	4	2	6	8	5	3	1
6	2	3	7	5	1	9	8	4
5	1	8	4	3	9	6	7	2

100

8	7	9	4	6	5	2	3	1
1	6	4	2	3	7	8	9	5
3	5	2	9	1	8	6	4	7
2	8	6	5	4	9	7	1	3
9	3	7	1	8	6	5	2	4
5	4	1	3	7	2	9	6	8
6	1	5	7	2	3	4	8	9
4	9	8	6	5	1	3	7	2
7	2	3	8	9	4	1	5	6

101

2	9	5	4	7	6	1	3	8
6	1	7	3	8	5	4	9	2
4	8	3	2	9	1	7	5	6
9	4	2	7	5	3	6	8	1
3	6	8	1	2	9	5	7	4
5	7	1	8	6	4	9	2	3
7	2	4	5	1	8	3	6	9
1	5	9	6	3	2	8	4	7
8	3	6	9	4	7	2	1	5

102

2	3	9	5	8	1	6	4	7
6	4	1	9	7	2	5	8	3
8	7	5	3	4	6	1	9	2
3	8	4	7	2	5	9	6	1
1	5	6	4	9	3	2	7	8
9	2	7	1	6	8	3	5	4
4	1	2	6	5	7	8	3	9
7	6	3	8	1	9	4	2	5
5	9	8	2	3	4	7	1	6

103

4	7	3	5	9	8	1	6	2
9	6	8	2	3	1	7	5	4
5	2	1	6	7	4	9	3	8
8	1	9	3	2	5	4	7	6
2	4	7	9	1	6	3	8	5
6	3	5	8	4	7	2	1	9
7	9	6	1	5	2	8	4	3
1	5	2	4	8	3	6	9	7
3	8	4	7	6	9	5	2	1

104

2	8	7	9	6	1	3	4	5
4	5	1	3	2	8	9	6	7
9	6	3	4	5	7	8	1	2
8	4	2	6	7	9	1	5	3
1	7	9	8	3	5	4	2	6
5	3	6	1	4	2	7	8	9
7	9	4	2	1	6	5	3	8
6	1	8	5	9	3	2	7	4
3	2	5	7	8	4	6	9	1

105

4	9	1	5	7	6	8	2	3
7	5	2	3	8	9	1	4	6
6	3	8	2	1	4	9	7	5
2	8	4	1	5	7	3	6	9
9	1	7	6	4	3	2	5	8
3	6	5	8	9	2	7	1	4
5	4	3	9	2	1	6	8	7
1	7	9	4	6	8	5	3	2
8	2	6	7	3	5	4	9	1

106

3	6	7	8	2	4	5	1	9
1	9	4	3	7	5	6	8	2
8	5	2	9	6	1	3	7	4
2	4	9	1	5	3	7	6	8
7	3	6	2	4	8	9	5	1
5	1	8	7	9	6	2	4	3
4	7	3	6	1	2	8	9	5
9	2	1	5	8	7	4	3	6
6	8	5	4	3	9	1	2	7

107

8	5	6	1	2	4	7	9	3
3	9	7	6	5	8	4	2	1
4	2	1	3	9	7	8	6	5
1	4	5	8	3	9	6	7	2
7	3	9	2	6	5	1	8	4
6	8	2	4	7	1	5	3	9
2	7	3	5	4	6	9	1	8
5	6	8	9	1	2	3	4	7
9	1	4	7	8	3	2	5	6

108

5	7	9	6	8	3	1	2	4
8	2	6	7	4	1	3	5	9
4	1	3	9	5	2	7	6	8
6	5	2	4	3	7	9	8	1
9	3	8	1	2	5	4	7	6
7	4	1	8	9	6	5	3	2
2	8	7	5	1	4	6	9	3
1	9	5	3	6	8	2	4	7
3	6	4	2	7	9	8	1	5

109

9	1	4	7	5	3	6	8	2
7	5	6	1	8	2	4	3	9
8	3	2	6	9	4	7	1	5
2	9	1	4	7	5	8	6	3
3	4	7	2	6	8	9	5	1
6	8	5	9	3	1	2	7	4
1	6	8	5	4	9	3	2	7
5	7	9	3	2	6	1	4	8
4	2	3	8	1	7	5	9	6

110

8	2	3	9	4	6	7	1	5
5	4	6	7	8	1	3	2	9
7	9	1	2	3	5	8	6	4
1	7	4	8	9	3	6	5	2
9	8	5	4	6	2	1	3	7
6	3	2	5	1	7	4	9	8
2	6	9	1	7	8	5	4	3
3	5	7	6	2	4	9	8	1
4	1	8	3	5	9	2	7	6

111

3	8	2	7	4	6	5	9	1
7	5	9	2	1	3	4	6	8
1	4	6	8	5	9	7	3	2
4	6	8	1	7	5	9	2	3
5	1	3	6	9	2	8	7	4
9	2	7	4	3	8	1	5	6
6	7	1	5	2	4	3	8	9
8	3	4	9	6	7	2	1	5
2	9	5	3	8	1	6	4	7

112

1	3	5	2	7	4	6	9	8
7	9	8	5	3	6	2	1	4
6	4	2	9	8	1	5	7	3
9	6	7	4	5	8	1	3	2
5	2	4	1	9	3	7	8	6
8	1	3	7	6	2	9	4	5
4	5	6	3	1	7	8	2	9
2	8	1	6	4	9	3	5	7
3	7	9	8	2	5	4	6	1

113

2	9	5	6	1	8	4	3	7
7	6	3	2	4	5	9	1	8
4	8	1	9	7	3	6	2	5
6	3	7	1	2	9	8	5	4
5	2	8	7	3	4	1	6	9
1	4	9	8	5	6	3	7	2
3	7	2	4	8	1	5	9	6
9	5	4	3	6	2	7	8	1
8	1	6	5	9	7	2	4	3

114

6	5	8	1	9	3	7	2	4
3	9	1	4	2	7	5	8	6
7	4	2	8	6	5	9	3	1
4	1	7	5	8	6	3	9	2
8	3	6	9	7	2	4	1	5
5	2	9	3	4	1	8	6	7
2	8	3	6	5	4	1	7	9
1	6	4	7	3	9	2	5	8
9	7	5	2	1	8	6	4	3

115

2	5	4	7	1	3	8	6	9
7	9	6	2	4	8	1	5	3
1	3	8	6	5	9	7	2	4
6	2	3	9	8	1	5	4	7
8	4	7	3	6	5	2	9	1
5	1	9	4	7	2	3	8	6
9	7	5	8	3	6	4	1	2
3	6	1	5	2	4	9	7	8
4	8	2	1	9	7	6	3	5

116

1	2	9	4	6	3	8	5	7
8	3	4	2	5	7	1	6	9
6	5	7	9	1	8	4	2	3
2	9	8	6	7	4	5	3	1
3	7	6	1	2	5	9	8	4
5	4	1	3	8	9	6	7	2
7	1	3	5	4	6	2	9	8
9	6	2	8	3	1	7	4	5
4	8	5	7	9	2	3	1	6

117

5	9	6	3	8	7	1	4	2
2	3	7	9	4	1	5	6	8
1	8	4	5	2	6	7	3	9
8	2	9	1	5	4	6	7	3
6	4	1	8	7	3	2	9	5
3	7	5	2	6	9	8	1	4
4	5	3	7	1	2	9	8	6
7	6	8	4	9	5	3	2	1
9	1	2	6	3	8	4	5	7

118

6	4	1	3	9	7	5	8	2
5	2	8	4	6	1	3	9	7
9	3	7	5	2	8	4	6	1
4	1	2	8	7	6	9	3	5
3	5	6	9	4	2	1	7	8
8	7	9	1	5	3	6	2	4
1	6	4	2	8	9	7	5	3
7	8	3	6	1	5	2	4	9
2	9	5	7	3	4	8	1	6

119

5	8	2	7	6	1	9	4	3
7	9	4	8	3	5	6	2	1
1	6	3	2	4	9	8	7	5
4	3	9	5	8	6	7	1	2
2	5	6	1	7	4	3	9	8
8	7	1	3	9	2	4	5	6
9	4	5	6	2	8	1	3	7
6	1	7	9	5	3	2	8	4
3	2	8	4	1	7	5	6	9

120

5	9	1	3	8	4	6	2	7
2	8	3	7	1	6	9	5	4
4	6	7	2	5	9	3	1	8
8	3	5	1	2	7	4	6	9
7	1	6	9	4	3	5	8	2
9	2	4	5	6	8	1	7	3
6	5	9	8	3	2	7	4	1
3	4	2	6	7	1	8	9	5
1	7	8	4	9	5	2	3	6

121

7	1	6	5	4	8	2	9	3
2	9	4	3	6	1	8	5	7
5	8	3	9	2	7	4	6	1
3	7	2	4	8	9	6	1	5
4	6	1	7	5	2	9	3	8
8	5	9	1	3	6	7	2	4
1	4	7	2	9	3	5	8	6
6	2	5	8	1	4	3	7	9
9	3	8	6	7	5	1	4	2

122

8	5	1	3	7	6	4	9	2
3	4	6	9	2	1	8	5	7
9	7	2	4	8	5	6	3	1
6	1	5	8	4	3	2	7	9
4	8	7	5	9	2	1	6	3
2	9	3	6	1	7	5	8	4
7	3	8	1	6	4	9	2	5
5	6	4	2	3	9	7	1	8
1	2	9	7	5	8	3	4	6

123

3	5	1	8	7	6	9	4	2
7	4	8	9	2	3	6	5	1
6	9	2	1	4	5	7	8	3
4	7	3	2	9	8	1	6	5
1	8	6	5	3	7	2	9	4
9	2	5	4	6	1	8	3	7
2	3	9	6	1	4	5	7	8
5	6	4	7	8	2	3	1	9
8	1	7	3	5	9	4	2	6

124

7	3	2	8	5	9	4	1	6
1	8	4	6	7	2	5	9	3
9	5	6	1	3	4	7	2	8
5	7	1	9	6	8	2	3	4
8	4	3	2	1	7	6	5	9
6	2	9	5	4	3	8	7	1
4	1	5	7	9	6	3	8	2
3	9	8	4	2	5	1	6	7
2	6	7	3	8	1	9	4	5

125

1	2	6	3	5	7	4	9	8
8	4	7	6	2	9	1	3	5
9	3	5	4	1	8	7	2	6
6	7	8	1	9	5	3	4	2
4	9	1	2	6	3	5	8	7
2	5	3	8	7	4	9	6	1
5	8	9	7	3	6	2	1	4
3	1	4	5	8	2	6	7	9
7	6	2	9	4	1	8	5	3

126

1	7	8	9	5	3	6	2	4
3	9	6	4	7	2	5	1	8
2	5	4	8	1	6	9	7	3
6	1	9	5	8	7	3	4	2
5	8	2	3	4	1	7	9	6
7	4	3	6	2	9	8	5	1
4	3	5	2	9	8	1	6	7
8	2	1	7	6	5	4	3	9
9	6	7	1	3	4	2	8	5

127

1	5	8	6	4	2	9	3	7
9	2	7	1	5	3	6	8	4
6	3	4	9	7	8	2	5	1
3	4	1	5	8	9	7	2	6
7	9	5	3	2	6	4	1	8
8	6	2	7	1	4	3	9	5
2	1	6	8	9	7	5	4	3
4	8	3	2	6	5	1	7	9
5	7	9	4	3	1	8	6	2

128

6	2	9	3	5	1	8	7	4
1	3	7	4	2	8	6	5	9
5	4	8	7	9	6	2	3	1
8	1	4	9	7	3	5	6	2
9	5	3	6	4	2	7	1	8
7	6	2	8	1	5	9	4	3
2	7	6	1	8	4	3	9	5
4	9	5	2	3	7	1	8	6
3	8	1	5	6	9	4	2	7

129

1	7	3	4	9	6	5	2	8
5	4	9	2	8	3	7	6	1
8	6	2	7	1	5	4	9	3
7	2	1	3	5	9	8	4	6
9	8	6	1	4	2	3	5	7
4	3	5	8	6	7	2	1	9
2	1	7	6	3	4	9	8	5
3	5	8	9	2	1	6	7	4
6	9	4	5	7	8	1	3	2

130

6	5	9	1	3	7	2	4	8
1	7	2	6	4	8	3	5	9
4	3	8	9	2	5	6	1	7
5	8	4	3	7	2	1	9	6
7	9	1	8	6	4	5	3	2
3	2	6	5	9	1	7	8	4
2	1	5	4	8	6	9	7	3
9	4	7	2	1	3	8	6	5
8	6	3	7	5	9	4	2	1

131

4	9	7	3	6	1	8	5	2
8	5	1	7	2	9	3	6	4
2	3	6	5	4	8	1	9	7
3	2	9	1	5	7	4	8	6
1	4	5	6	8	2	9	7	3
7	6	8	4	9	3	2	1	5
9	7	4	2	1	6	5	3	8
6	8	2	9	3	5	7	4	1
5	1	3	8	7	4	6	2	9

132

9	5	3	2	6	7	4	1	8
6	8	7	9	1	4	5	3	2
4	1	2	5	8	3	9	6	7
5	2	8	1	4	6	3	7	9
3	4	1	7	9	5	2	8	6
7	9	6	8	3	2	1	4	5
1	7	5	3	2	8	6	9	4
2	3	4	6	7	9	8	5	1
8	6	9	4	5	1	7	2	3

133

1	7	3	8	6	5	9	2	4
9	5	4	2	3	7	8	1	6
6	2	8	4	9	1	3	5	7
4	1	2	5	7	3	6	8	9
5	8	9	6	4	2	1	7	3
3	6	7	1	8	9	5	4	2
8	3	5	9	2	4	7	6	1
2	9	6	7	1	8	4	3	5
7	4	1	3	5	6	2	9	8

134

5	1	4	8	7	2	3	9	6
7	6	3	9	1	4	2	5	8
9	8	2	3	5	6	4	7	1
2	3	1	6	9	8	7	4	5
8	4	5	1	3	7	6	2	9
6	9	7	4	2	5	8	1	3
1	7	9	2	8	3	5	6	4
3	5	6	7	4	9	1	8	2
4	2	8	5	6	1	9	3	7

135

8	1	4	2	9	3	5	7	6
9	6	2	7	5	8	4	1	3
7	5	3	1	6	4	2	9	8
6	7	5	4	1	2	3	8	9
3	4	9	8	7	6	1	5	2
1	2	8	9	3	5	7	6	4
4	9	1	3	8	7	6	2	5
2	8	6	5	4	1	9	3	7
5	3	7	6	2	9	8	4	1

136

4	2	8	3	6	1	9	5	7
3	9	6	7	2	5	8	1	4
7	5	1	4	8	9	6	3	2
2	6	7	8	3	4	5	9	1
8	4	5	1	9	7	2	6	3
9	1	3	2	5	6	4	7	8
5	7	4	6	1	2	3	8	9
6	3	2	9	7	8	1	4	5
1	8	9	5	4	3	7	2	6

137

6	9	2	4	1	5	8	7	3
1	8	3	7	2	9	6	5	4
4	7	5	6	8	3	9	2	1
8	2	4	3	9	7	1	6	5
3	6	7	1	5	2	4	9	8
9	5	1	8	6	4	7	3	2
5	4	6	9	3	1	2	8	7
2	1	8	5	7	6	3	4	9
7	3	9	2	4	8	5	1	6

138

8	6	7	1	2	3	5	9	4
3	4	5	9	8	7	6	2	1
9	1	2	4	6	5	7	8	3
4	7	6	8	5	9	1	3	2
5	3	8	2	7	1	9	4	6
2	9	1	3	4	6	8	5	7
1	5	9	7	3	4	2	6	8
6	2	3	5	1	8	4	7	9
7	8	4	6	9	2	3	1	5

139

2	7	8	3	5	6	1	9	4
3	6	1	4	2	9	7	8	5
5	9	4	8	7	1	2	6	3
6	5	7	1	4	2	9	3	8
8	4	2	6	9	3	5	1	7
9	1	3	5	8	7	4	2	6
4	2	5	9	3	8	6	7	1
7	3	6	2	1	4	8	5	9
1	8	9	7	6	5	3	4	2

140

2	6	5	7	9	8	1	3	4
7	8	1	3	2	4	5	9	6
4	3	9	6	5	1	2	7	8
6	1	3	2	4	7	9	8	5
5	2	7	9	8	6	3	4	1
9	4	8	5	1	3	7	6	2
1	7	6	8	3	5	4	2	9
8	5	2	4	7	9	6	1	3
3	9	4	1	6	2	8	5	7

141

4	7	5	3	9	1	8	2	6
3	6	1	2	4	8	5	7	9
8	9	2	7	6	5	3	4	1
9	4	8	1	2	7	6	5	3
7	1	6	5	3	9	4	8	2
5	2	3	6	8	4	1	9	7
1	5	9	8	7	6	2	3	4
2	8	4	9	1	3	7	6	5
6	3	7	4	5	2	9	1	8

142

3	7	9	2	1	8	6	4	5
8	6	1	4	5	7	9	2	3
2	5	4	3	6	9	8	7	1
4	2	6	1	8	3	5	9	7
9	8	7	5	2	6	3	1	4
1	3	5	9	7	4	2	6	8
6	1	8	7	9	5	4	3	2
5	4	2	6	3	1	7	8	9
7	9	3	8	4	2	1	5	6

143

5	4	1	6	8	9	3	2	7
2	8	6	3	7	4	5	1	9
7	3	9	5	2	1	4	6	8
1	6	5	9	4	3	7	8	2
8	9	4	2	1	7	6	5	3
3	7	2	8	6	5	1	9	4
9	1	3	4	5	2	8	7	6
4	5	8	7	9	6	2	3	1
6	2	7	1	3	8	9	4	5

144

8	5	1	3	7	6	9	4	2
6	2	7	4	9	5	1	3	8
3	9	4	8	1	2	7	5	6
5	1	2	9	3	8	6	7	4
9	6	8	7	2	4	3	1	5
7	4	3	5	6	1	8	2	9
2	8	9	1	4	3	5	6	7
1	7	6	2	5	9	4	8	3
4	3	5	6	8	7	2	9	1

145

1	2	9	5	7	3	4	6	8
3	6	5	8	9	4	2	7	1
4	7	8	2	6	1	3	9	5
2	9	1	3	8	6	5	4	7
6	5	7	9	4	2	8	1	3
8	4	3	7	1	5	9	2	6
7	8	6	4	3	9	1	5	2
9	1	2	6	5	8	7	3	4
5	3	4	1	2	7	6	8	9

146

7	5	3	1	8	6	9	4	2
8	4	6	5	9	2	7	1	3
2	1	9	4	3	7	6	8	5
4	6	5	8	7	9	3	2	1
3	7	2	6	5	1	8	9	4
1	9	8	3	2	4	5	6	7
6	8	4	7	1	3	2	5	9
5	2	7	9	4	8	1	3	6
9	3	1	2	6	5	4	7	8

147

5	6	3	9	7	1	8	4	2
9	7	4	2	6	8	3	1	5
2	8	1	5	3	4	9	7	6
6	9	5	1	8	2	7	3	4
7	4	2	3	5	9	1	6	8
1	3	8	7	4	6	5	2	9
4	1	6	8	9	3	2	5	7
8	2	7	6	1	5	4	9	3
3	5	9	4	2	7	6	8	1

148

2	3	7	9	6	4	5	8	1
8	1	6	5	7	2	4	3	9
9	5	4	3	1	8	2	6	7
7	9	8	2	3	5	1	4	6
1	4	3	6	8	7	9	2	5
5	6	2	4	9	1	3	7	8
4	2	1	7	5	6	8	9	3
6	8	9	1	2	3	7	5	4
3	7	5	8	4	9	6	1	2

149

1	2	4	7	3	5	6	9	8
9	3	6	8	2	4	5	7	1
8	5	7	6	9	1	2	4	3
5	6	2	3	1	7	9	8	4
4	7	1	9	8	2	3	5	6
3	8	9	5	4	6	1	2	7
6	4	8	1	5	9	7	3	2
7	9	3	2	6	8	4	1	5
2	1	5	4	7	3	8	6	9

150

6	1	8	5	7	9	3	4	2
4	7	2	3	1	8	9	5	6
5	9	3	2	6	4	7	8	1
2	8	9	6	3	5	4	1	7
7	6	4	1	8	2	5	9	3
3	5	1	4	9	7	2	6	8
8	4	5	7	2	6	1	3	9
9	3	7	8	4	1	6	2	5
1	2	6	9	5	3	8	7	4

151

7	3	2	9	4	1	8	6	5
1	4	8	6	5	3	2	9	7
6	9	5	7	2	8	4	3	1
2	1	6	4	7	9	3	5	8
4	7	9	3	8	5	6	1	2
8	5	3	1	6	2	9	7	4
5	6	4	2	3	7	1	8	9
9	2	7	8	1	6	5	4	3
3	8	1	5	9	4	7	2	6

152

3	4	7	6	8	2	5	1	9
5	1	6	4	3	9	2	8	7
9	8	2	5	1	7	3	6	4
8	5	1	2	7	4	6	9	3
2	9	3	8	6	5	4	7	1
7	6	4	1	9	3	8	5	2
6	2	8	7	4	1	9	3	5
1	3	5	9	2	8	7	4	6
4	7	9	3	5	6	1	2	8

153

9	4	6	5	2	7	1	8	3
5	7	1	9	8	3	6	2	4
8	2	3	4	6	1	9	5	7
7	3	4	8	1	5	2	9	6
6	9	8	3	7	2	4	1	5
2	1	5	6	9	4	7	3	8
1	6	9	7	3	8	5	4	2
4	8	2	1	5	6	3	7	9
3	5	7	2	4	9	8	6	1

154

2	4	5	6	3	1	9	7	8
8	1	9	7	4	2	5	3	6
7	3	6	8	9	5	4	2	1
9	2	8	5	6	3	7	1	4
6	7	1	9	2	4	3	8	5
4	5	3	1	7	8	6	9	2
5	9	4	2	8	7	1	6	3
1	6	2	3	5	9	8	4	7
3	8	7	4	1	6	2	5	9

155

9	6	3	5	8	1	4	7	2
1	8	4	3	7	2	6	9	5
5	2	7	6	4	9	1	3	8
2	9	5	4	1	8	3	6	7
7	3	1	9	2	6	5	8	4
8	4	6	7	3	5	9	2	1
3	5	2	8	6	4	7	1	9
6	1	9	2	5	7	8	4	3
4	7	8	1	9	3	2	5	6

156

4	8	7	1	6	2	5	9	3
5	6	1	4	9	3	8	7	2
2	3	9	8	5	7	6	4	1
3	1	4	7	2	8	9	5	6
8	2	5	9	3	6	7	1	4
7	9	6	5	1	4	2	3	8
6	5	2	3	7	1	4	8	9
9	4	3	2	8	5	1	6	7
1	7	8	6	4	9	3	2	5

157

6	5	1	2	7	9	8	4	3
7	3	8	4	5	6	1	9	2
2	9	4	8	3	1	6	7	5
4	1	3	6	8	7	5	2	9
8	7	2	3	9	5	4	6	1
5	6	9	1	2	4	7	3	8
9	2	5	7	4	8	3	1	6
1	8	7	9	6	3	2	5	4
3	4	6	5	1	2	9	8	7

158

9	8	2	5	7	6	4	1	3
4	7	5	1	9	3	8	6	2
3	1	6	4	2	8	7	9	5
6	4	9	2	5	1	3	8	7
2	5	8	3	6	7	9	4	1
7	3	1	9	8	4	5	2	6
1	9	4	6	3	5	2	7	8
5	6	7	8	4	2	1	3	9
8	2	3	7	1	9	6	5	4

159

8	9	2	5	1	7	3	4	6
5	4	7	3	6	2	1	8	9
3	6	1	4	9	8	5	7	2
7	8	6	2	5	9	4	1	3
2	5	9	1	4	3	7	6	8
1	3	4	7	8	6	9	2	5
4	1	8	6	3	5	2	9	7
6	2	3	9	7	4	8	5	1
9	7	5	8	2	1	6	3	4

160

4	1	7	3	2	8	6	5	9
2	8	6	1	9	5	3	7	4
9	3	5	6	4	7	1	8	2
8	4	9	2	7	6	5	1	3
5	2	3	8	1	4	9	6	7
6	7	1	9	5	3	4	2	8
7	9	4	5	6	2	8	3	1
1	5	8	7	3	9	2	4	6
3	6	2	4	8	1	7	9	5

161

8	4	3	7	9	1	2	5	6
7	5	1	8	6	2	9	4	3
2	9	6	4	5	3	8	7	1
9	6	4	2	8	5	3	1	7
5	7	8	3	1	9	6	2	4
1	3	2	6	7	4	5	9	8
3	8	9	5	4	7	1	6	2
6	1	7	9	2	8	4	3	5
4	2	5	1	3	6	7	8	9

162

9	4	7	5	1	8	3	2	6
8	1	6	3	9	2	7	4	5
5	3	2	7	4	6	1	8	9
6	9	3	8	2	5	4	1	7
1	2	8	4	7	9	5	6	3
4	7	5	1	6	3	8	9	2
7	8	9	2	3	1	6	5	4
2	5	4	6	8	7	9	3	1
3	6	1	9	5	4	2	7	8

163

5	7	8	4	6	9	2	1	3
2	3	1	8	5	7	6	4	9
9	4	6	1	2	3	7	8	5
3	8	5	6	7	1	9	2	4
4	1	7	9	8	2	5	3	6
6	9	2	3	4	5	8	7	1
8	5	4	7	3	6	1	9	2
1	2	3	5	9	8	4	6	7
7	6	9	2	1	4	3	5	8

164

2	5	1	7	8	9	3	6	4
6	3	7	1	2	4	5	8	9
9	4	8	6	3	5	1	2	7
4	6	3	8	5	7	2	9	1
8	1	2	4	9	3	7	5	6
7	9	5	2	6	1	8	4	3
1	8	6	9	7	2	4	3	5
5	2	4	3	1	6	9	7	8
3	7	9	5	4	8	6	1	2

165

8	1	7	2	5	3	6	4	9
3	5	9	4	8	6	2	1	7
4	2	6	1	9	7	5	8	3
6	8	5	3	1	9	4	7	2
1	4	3	6	7	2	9	5	8
7	9	2	8	4	5	3	6	1
2	3	8	5	6	1	7	9	4
5	7	4	9	2	8	1	3	6
9	6	1	7	3	4	8	2	5

166

5	8	9	7	6	3	1	4	2
3	6	7	4	1	2	5	9	8
4	1	2	8	9	5	7	6	3
9	5	6	1	2	7	8	3	4
1	7	8	3	4	6	2	5	9
2	4	3	5	8	9	6	1	7
7	2	5	9	3	1	4	8	6
8	3	1	6	7	4	9	2	5
6	9	4	2	5	8	3	7	1

167

4	5	8	9	6	2	1	7	3
9	7	3	4	1	8	2	6	5
1	6	2	7	5	3	4	8	9
8	4	5	1	7	9	3	2	6
6	2	9	8	3	5	7	4	1
3	1	7	6	2	4	5	9	8
7	9	4	3	8	1	6	5	2
2	3	6	5	9	7	8	1	4
5	8	1	2	4	6	9	3	7

168

5	7	2	3	1	8	6	4	9
9	8	6	4	2	5	1	7	3
1	3	4	6	9	7	8	2	5
3	4	5	7	8	9	2	6	1
7	2	9	1	3	6	4	5	8
6	1	8	5	4	2	3	9	7
8	5	1	2	7	4	9	3	6
4	6	3	9	5	1	7	8	2
2	9	7	8	6	3	5	1	4

169

6	2	1	8	9	5	4	3	7
4	7	9	1	3	6	2	5	8
3	5	8	2	4	7	6	1	9
9	6	3	7	8	4	5	2	1
5	4	2	9	6	1	7	8	3
8	1	7	3	5	2	9	6	4
1	8	5	4	2	9	3	7	6
2	3	4	6	7	8	1	9	5
7	9	6	5	1	3	8	4	2

170

2	9	3	7	5	8	4	6	1
4	8	7	2	1	6	5	3	9
6	1	5	4	3	9	8	2	7
7	6	9	8	2	3	1	4	5
3	4	8	5	6	1	9	7	2
5	2	1	9	7	4	6	8	3
9	3	6	1	8	7	2	5	4
1	7	2	6	4	5	3	9	8
8	5	4	3	9	2	7	1	6

171

4	3	2	5	8	7	1	9	6
5	6	9	4	2	1	8	3	7
7	1	8	3	6	9	5	2	4
6	7	1	2	9	8	4	5	3
2	5	3	7	4	6	9	1	8
8	9	4	1	5	3	7	6	2
9	2	6	8	1	4	3	7	5
3	8	5	9	7	2	6	4	1
1	4	7	6	3	5	2	8	9

172

9	6	8	5	2	1	4	7	3
3	1	7	9	4	6	2	5	8
2	5	4	8	7	3	9	6	1
8	3	6	2	5	7	1	9	4
1	2	9	6	3	4	5	8	7
7	4	5	1	9	8	6	3	2
5	9	1	3	8	2	7	4	6
6	7	3	4	1	5	8	2	9
4	8	2	7	6	9	3	1	5

173

8	3	7	1	5	2	4	6	9
9	1	5	4	3	6	2	8	7
6	4	2	9	7	8	1	3	5
3	7	9	5	1	4	6	2	8
2	6	1	3	8	7	5	9	4
4	5	8	6	2	9	3	7	1
5	8	4	7	6	3	9	1	2
7	9	3	2	4	1	8	5	6
1	2	6	8	9	5	7	4	3

174

4	2	6	9	1	5	3	7	8
9	3	7	4	2	8	6	5	1
8	5	1	7	6	3	2	9	4
5	7	3	1	8	4	9	6	2
1	4	2	6	7	9	8	3	5
6	8	9	3	5	2	4	1	7
7	9	5	8	4	6	1	2	3
3	1	8	2	9	7	5	4	6
2	6	4	5	3	1	7	8	9

175

2	1	8	5	6	7	3	9	4
3	7	6	9	4	2	8	1	5
4	5	9	8	1	3	7	6	2
6	8	7	2	9	1	4	5	3
9	2	5	6	3	4	1	7	8
1	4	3	7	8	5	9	2	6
5	3	1	4	7	6	2	8	9
8	6	4	1	2	9	5	3	7
7	9	2	3	5	8	6	4	1

176

7	6	3	1	5	8	2	9	4
4	9	5	3	2	6	7	1	8
8	2	1	7	4	9	5	6	3
2	7	4	5	1	3	6	8	9
1	8	9	6	7	4	3	5	2
3	5	6	8	9	2	1	4	7
6	3	2	4	8	1	9	7	5
5	1	8	9	3	7	4	2	6
9	4	7	2	6	5	8	3	1

177

7	8	3	5	9	1	4	2	6
1	6	2	8	3	4	5	9	7
5	9	4	2	6	7	1	8	3
9	4	7	1	5	2	6	3	8
6	3	1	9	4	8	2	7	5
8	2	5	3	7	6	9	4	1
4	5	9	6	8	3	7	1	2
3	1	6	7	2	9	8	5	4
2	7	8	4	1	5	3	6	9

178

1	3	7	6	5	2	9	4	8
2	4	9	1	3	8	5	7	6
6	8	5	4	7	9	2	3	1
3	5	6	2	9	1	7	8	4
8	9	4	7	6	5	3	1	2
7	1	2	8	4	3	6	5	9
9	6	1	5	8	7	4	2	3
5	2	3	9	1	4	8	6	7
4	7	8	3	2	6	1	9	5

179

3	8	6	2	1	4	5	9	7
2	7	1	9	5	8	6	4	3
4	5	9	7	3	6	2	8	1
8	6	2	1	9	5	3	7	4
1	9	3	4	6	7	8	2	5
7	4	5	8	2	3	1	6	9
5	2	7	6	4	1	9	3	8
9	3	8	5	7	2	4	1	6
6	1	4	3	8	9	7	5	2

180

7	4	5	3	9	6	1	2	8
8	3	6	1	2	4	9	7	5
1	9	2	5	8	7	6	3	4
6	1	8	7	3	2	5	4	9
5	7	9	4	1	8	3	6	2
3	2	4	9	6	5	7	8	1
9	6	3	2	4	1	8	5	7
4	5	1	8	7	3	2	9	6
2	8	7	6	5	9	4	1	3

181

4	9	7	5	3	6	8	1	2
6	2	5	8	9	1	3	4	7
8	1	3	2	7	4	9	6	5
5	7	8	6	4	3	1	2	9
1	4	6	9	2	8	7	5	3
2	3	9	1	5	7	6	8	4
9	6	2	7	1	5	4	3	8
7	8	4	3	6	2	5	9	1
3	5	1	4	8	9	2	7	6

182

8	1	5	9	6	2	3	7	4
2	7	4	3	5	8	9	6	1
3	9	6	1	4	7	2	8	5
7	5	1	4	3	9	6	2	8
4	2	9	6	8	1	7	5	3
6	8	3	2	7	5	1	4	9
9	4	2	8	1	6	5	3	7
5	6	8	7	9	3	4	1	2
1	3	7	5	2	4	8	9	6

183

4	1	7	2	3	8	6	9	5
8	5	3	7	9	6	1	2	4
2	9	6	4	1	5	7	8	3
7	8	9	6	4	2	3	5	1
6	3	4	8	5	1	9	7	2
5	2	1	3	7	9	8	4	6
1	6	2	9	8	4	5	3	7
9	7	5	1	2	3	4	6	8
3	4	8	5	6	7	2	1	9

184

8	3	4	1	5	6	2	7	9
1	2	5	9	3	7	4	6	8
7	9	6	8	4	2	3	1	5
3	5	2	6	9	1	8	4	7
4	1	8	2	7	5	9	3	6
9	6	7	3	8	4	1	5	2
2	7	1	4	6	8	5	9	3
5	8	3	7	1	9	6	2	4
6	4	9	5	2	3	7	8	1

185

5	7	8	3	4	1	2	9	6
1	9	3	6	8	2	7	4	5
6	2	4	7	5	9	8	3	1
8	5	7	1	9	4	3	6	2
4	6	1	5	2	3	9	7	8
9	3	2	8	7	6	1	5	4
7	1	9	2	6	5	4	8	3
2	4	6	9	3	8	5	1	7
3	8	5	4	1	7	6	2	9

186

5	6	8	1	2	4	7	3	9
4	1	9	8	7	3	2	6	5
7	3	2	6	9	5	8	1	4
6	5	1	9	8	2	4	7	3
9	2	3	4	1	7	6	5	8
8	4	7	5	3	6	1	9	2
2	7	6	3	4	9	5	8	1
3	8	5	2	6	1	9	4	7
1	9	4	7	5	8	3	2	6

187

3	2	9	5	6	8	7	1	4
8	6	7	3	1	4	9	5	2
5	4	1	2	9	7	8	6	3
2	7	5	4	8	1	6	3	9
6	1	4	7	3	9	2	8	5
9	3	8	6	2	5	1	4	7
4	9	3	8	7	6	5	2	1
1	5	6	9	4	2	3	7	8
7	8	2	1	5	3	4	9	6

188

2	4	9	7	1	5	3	8	6
6	8	7	2	9	3	5	4	1
1	5	3	4	8	6	9	2	7
4	2	1	6	5	9	7	3	8
5	7	6	8	3	2	4	1	9
9	3	8	1	7	4	6	5	2
8	6	4	3	2	7	1	9	5
7	1	5	9	4	8	2	6	3
3	9	2	5	6	1	8	7	4

189

8	5	6	1	9	2	4	7	3
4	1	7	3	6	8	5	2	9
3	9	2	5	7	4	8	6	1
2	6	9	7	4	5	3	1	8
5	7	8	6	3	1	9	4	2
1	4	3	2	8	9	6	5	7
7	3	5	8	2	6	1	9	4
6	8	4	9	1	7	2	3	5
9	2	1	4	5	3	7	8	6

190

3	6	4	1	8	9	2	5	7
2	8	9	5	6	7	1	3	4
7	1	5	2	3	4	9	8	6
6	5	7	9	1	3	4	2	8
9	2	1	6	4	8	5	7	3
4	3	8	7	5	2	6	9	1
5	4	2	8	7	1	3	6	9
8	9	3	4	2	6	7	1	5
1	7	6	3	9	5	8	4	2

191

9	8	4	6	2	3	5	1	7
7	5	3	1	9	4	8	6	2
6	1	2	7	5	8	9	4	3
4	9	7	8	3	1	2	5	6
8	3	6	2	4	5	7	9	1
5	2	1	9	7	6	3	8	4
3	6	9	4	8	2	1	7	5
2	4	8	5	1	7	6	3	9
1	7	5	3	6	9	4	2	8

192

8	9	1	6	5	4	7	2	3
4	6	2	7	3	9	1	5	8
7	3	5	1	8	2	4	9	6
3	1	6	9	2	5	8	7	4
2	7	4	3	1	8	9	6	5
9	5	8	4	7	6	2	3	1
5	4	3	8	9	7	6	1	2
6	2	7	5	4	1	3	8	9
1	8	9	2	6	3	5	4	7

193

2	6	8	9	3	1	5	7	4
4	9	1	8	7	5	2	6	3
3	7	5	2	6	4	8	9	1
8	5	3	7	1	9	4	2	6
7	1	6	3	4	2	9	8	5
9	4	2	5	8	6	3	1	7
5	8	7	6	9	3	1	4	2
6	2	4	1	5	8	7	3	9
1	3	9	4	2	7	6	5	8

194

1	5	6	2	8	7	3	9	4
9	8	2	3	1	4	7	6	5
4	7	3	5	6	9	2	8	1
7	2	1	8	9	5	4	3	6
6	9	4	1	7	3	5	2	8
5	3	8	6	4	2	1	7	9
2	6	5	9	3	1	8	4	7
8	1	7	4	2	6	9	5	3
3	4	9	7	5	8	6	1	2

195

2	4	1	5	9	7	6	8	3
3	8	5	4	6	2	9	7	1
7	9	6	1	8	3	2	4	5
8	2	7	3	4	5	1	9	6
9	6	4	2	1	8	3	5	7
1	5	3	9	7	6	8	2	4
5	7	2	8	3	1	4	6	9
4	1	8	6	5	9	7	3	2
6	3	9	7	2	4	5	1	8

196

3	1	5	9	4	2	8	7	6
6	4	2	7	8	3	9	1	5
8	7	9	1	6	5	4	2	3
4	5	8	3	1	9	7	6	2
9	2	1	8	7	6	3	5	4
7	3	6	5	2	4	1	8	9
5	9	7	2	3	1	6	4	8
1	6	3	4	5	8	2	9	7
2	8	4	6	9	7	5	3	1

197

1	3	6	2	7	8	4	5	9
8	2	5	4	1	9	6	7	3
9	4	7	5	6	3	2	8	1
2	9	1	6	8	4	5	3	7
7	6	8	3	5	1	9	2	4
3	5	4	9	2	7	1	6	8
4	8	2	1	3	6	7	9	5
5	1	3	7	9	2	8	4	6
6	7	9	8	4	5	3	1	2

198

9	5	7	8	4	1	3	2	6
3	6	1	9	5	2	7	4	8
2	8	4	6	3	7	1	5	9
8	9	5	4	1	3	6	7	2
4	7	2	5	6	8	9	1	3
6	1	3	7	2	9	5	8	4
5	2	6	1	9	4	8	3	7
7	4	9	3	8	5	2	6	1
1	3	8	2	7	6	4	9	5

199

2	6	5	9	1	8	7	3	4
8	7	4	6	3	2	1	9	5
9	1	3	5	4	7	6	8	2
4	8	1	2	7	3	5	6	9
7	5	9	4	8	6	3	2	1
3	2	6	1	5	9	4	7	8
5	3	7	8	9	4	2	1	6
6	4	8	3	2	1	9	5	7
1	9	2	7	6	5	8	4	3

200

9	2	6	4	1	7	5	3	8
7	5	4	9	8	3	1	2	6
3	8	1	6	2	5	9	4	7
4	7	3	1	9	2	6	8	5
2	9	5	8	3	6	4	7	1
6	1	8	7	5	4	3	9	2
8	6	9	3	7	1	2	5	4
1	3	2	5	4	8	7	6	9
5	4	7	2	6	9	8	1	3